丛书编委会

总　策　划：来新国　王文成

编委会主任：郭齐勇　周晓亮

编　　　委：来新国　陈知涯　张　彧　尹格韬　沈　众

　　　　　　王文成　孟淑贤　周长志　罗养毅　秦　丹

　　　　　　乌　琛

大家精要
典藏版丛书

简读

冯友兰

田文军　著

陕西师范大学出版总社　西安

图书代号　SK24N1839

图书在版编目(CIP)数据

简读冯友兰 / 田文军著 . — 西安：陕西师范大学
出版总社有限公司，2024.11
（大家精要：典藏版 / 郭齐勇，周晓亮主编）
ISBN 978-7-5695-4154-0

Ⅰ.①简… Ⅱ.①田… Ⅲ.①冯友兰（1895-1990）—
人物研究 Ⅳ.①B261.5

中国国家版本馆 CIP 数据核字（2024）第 028185 号

简读冯友兰
JIAN DU FENG YOULAN

田文军　著

出 版 人	刘东风
策划编辑	刘　定　陈柳冬雪
责任编辑	舒　敏
责任校对	宋媛媛
封面设计	龚心宇　张潇伊
出版发行	陕西师范大学出版总社
	（西安市长安南路 199 号　邮编 710062）
网　　址	http://www.snupg.com
印　　刷	深圳市福圣印刷有限公司
开　　本	889 mm×1194 mm　1/32
印　　张	6.625
插　　页	4
字　　数	114 千
版　　次	2024 年 11 月第 1 版
印　　次	2024 年 11 月第 1 次印刷
书　　号	ISBN 978-7-5695-4154-0
定　　价	49.00 元

读者购书、书店添货或发现印装质量问题，请与本公司营销部联系、调换。
电话：（029）85307864　85303629　　传真：（029）85303879

目 录

第1章

少 年 时 代

"复盛馆"冯家

冯友兰，中国现代著名哲学家、哲学史家。二十世纪二三十年代，继胡适的《中国哲学史大纲》(卷上)之后，他参照西方现代的哲学观念和学术方法，写成完整的中国哲学史著作，为现代中国哲学史学科的创设与发展作出了划时代的贡献。二十世纪三四十年代，在抗日战争的艰难岁月，他追求国家民族的复兴，写成"贞元六书"，建构"新理学"体系，对中国哲学和中国文化的现代化建设进行了艰难的探索。七十多年的学术耕耘，七百多万字的理论著述，使他成为当代中国最具国际影响的学术大师之一。他的思想，他的人生，至今仍是海内外学术界普遍关注和着力探讨的对象和课题。

冯友兰，河南省唐河县人，1895年12月4日（清光绪二十一年十月十八日）出生在唐河县祁仪镇，他的家庭被当地人称为"复盛馆"冯家。

位于清水河畔的唐河县祁仪镇，不仅是一块山清水秀之地，也是一个商务繁华之所。冯友兰的祖辈，从山西高平来到唐河祁仪谋生，后来靠经商致富，成为祁仪的殷富人家。

冯家祖上迁徙唐河祁仪的背景，已经无法详考。据冯友兰故乡长者介绍，唐河祁仪与湖北的枣阳、随县，河南的桐柏接壤，是鄂豫两省四县交界之地。明、清两代的战乱，使祁仪一带"乡乡几断人烟"。清朝初年曾从外省向祁仪大量移民。冯家是否为清初移民，无法断定。但冯家祖上来祁仪经商落户，大概与当时唐河祁仪一带人丁不旺，能够接收和容纳外省人来此谋生不无关系。

冯友兰的家庭被祁仪镇人称为"复盛馆"冯家，当从冯友兰的祖父冯玉文这一辈开始。康熙年间，冯家从山西高平来唐河祁仪经商的是冯泰与冯珽玙父子。冯泰来祁仪经商，后来又返回了山西原籍，其子冯珽玙则落籍祁仪，靠经商发家致富。

冯珽玙有两个儿子，长子汝南，次子耀南。冯友兰的祖父冯玉文，字圣征。冯玉文的父亲冯殿吉，号石泉，乃冯耀南之子。冯玉文乃冯殿吉的独子。冯殿吉生前习武，喜好交游，不善理家，田产典当甚多。冯殿吉去世时，冯玉文年仅八岁。冯玉文的母亲涂氏、茹氏，勤俭持家，陆续赎回冯殿吉生前典当出去的田产，使冯家家业复兴。

涂氏、茹氏复兴冯家家业，不仅为冯玉文接受良好的传统文化教育创造了条件，也使冯玉文继承了其喜好勤俭、善于持家的家风与传统。冯玉文知书达理，但其科举道路却不顺利。后来，他决定放弃科举道路，一方面自己发愤攻书，致力于古诗文，一面则专心治理家业。

在冯友兰的祖辈中，冯玉文对冯友兰兄妹的影响至关重要。冯玉文不事科举，专心理家，在祁仪镇购置田产，经营酒坊、客栈，生意兴隆，使"复盛馆"冯家成为祁仪巨富。

冯玉文有三个儿子。长子冯云异，字鹤亭；次子冯台异，字树侯；三子冯汉异，字爽亭。冯台异即冯友兰的父亲。

冯玉文靠劳动致富，自身生活十分节俭。但为了子女的教育却十分慷慨，舍得投入。冯汉异曾说其父"素食不兼味"，但为子女读书，"延师训读诚敬尽礼则不惜"。在冯玉文的操持下，冯云异、冯台异、冯汉异三兄弟都受到了良好的传统文化教育。

有名师训读，加上勤奋与天赋，冯玉文的子女人人学习成绩优异，个个能诗善文，冯云异著有《知非斋诗集》，冯台异著有《复斋诗集》。冯玉文有一个女儿，名士钧，天资聪颖，也极善诗文，18岁病逝于家。家人汇辑她生前留下的诗稿，编成《梅花窗诗草》。冯云异为《梅花窗诗草》作《序》，认为冯士钧的诗集"清辞丽句，得晚唐风味"。冯玉文的这个女儿，若非早逝，在诗文方面很有可能获得更高的成就。

冯友兰的父辈工于诗文，使得冯友兰晚年也把善诗文视作冯家的一种家风。宋人严羽在其《沧浪诗话》中说过："诗有别材，非关书也。诗有别趣，非关理也。"冯友兰以严羽的说法为据，把冯家善诗文的家风，也归之于冯家子弟的天赋与资质。冯友兰认为，一个人学识渊博，并不等于具备诗人的天赋。这样的人也可以写诗，但他们写成的诗，并不是真正意义上的诗。因此，对于父辈工于诗文，冯友兰颇感自豪。

冯云异兄弟除了工于诗文，学习成绩优异之外，在科举道路上，比起他们的父亲冯玉文来，也要成功得多。冯云异、冯汉异先后考中了秀才。冯台异更是一枝独秀，考中秀才之后，于光绪十五年中举，后来又被清廷赐予同进士出身。

冯台异中举，并在后来获得进士身份，使冯家的社会地位发生了根本变化。依照中国旧制，秀才虽然也是读书人的一种身份，或说功名，但在晚清，秀才已只是读书人的一种低层次的身份标志。冯云异兄弟如果仅止于秀才这种功名，冯家的社会地位不可能有大的改观。冯家虽然田产不薄，生活上无穷困之虞，但就家庭的社会地位和影响而言，仍然只能局限于祁仪镇上。

冯台异进士及第，冯家的情况则大为改观。冯台异中举之后，即出任唐河县崇实书院的山长（即院长）。崇实书院实际上是为秀才们提供深造机会的学校。冯台异以举人身份主持崇实书院，标志着冯家的影响开始走出祁仪，延及唐河。

冯台异被赐同进士出身之后，开始是在湖北武昌的方言学堂任职，后来又得缺署理湖北崇阳县政。在冯玉文的子弟中，冯台异以进士身份，第一个离开故乡，到外省做官，正式步入仕途。这使得冯友兰的家庭在唐河祁仪，进入了名门望族、书香人家的行列。

冯台异与其妻吴氏生养了三男二女：长子冯新兰，次子冯友兰，三子冯景兰；长女冯温兰，次女冯恭兰（后改名淑兰，沅君）。

在冯台异的子女中，长子冯新兰早夭，未及成年；长女冯温兰早为人妻，以中国女性传统的生活方式生活；冯友兰、冯景兰、冯沅君三兄妹，则皆学有所成，同为五四以后中国学术文化领域中的成名人物。冯友兰及其弟妹在学业上和事业上之所以能够获得成功，同他们的父辈一样，除了自身的禀赋与勤奋之外，也得益于他们从小在家庭里受到了良好的传统文化教育。

由于冯台异这一辈人在学业方面获得了成功，冯家更加注意自家学堂的建设。依照冯家的传统，孩子七岁时开始上学。冯友兰则六岁即入家塾学习。冯友兰的先生是他的表叔刘自立。冯友兰的同学中，既有自己的堂兄弟，又有自己的表兄弟。

冯友兰幼年读书，从《三字经》开始，再及《论语》《孟子》《大学》《中庸》，这似乎是旧中国的孩子们都必须经历的求学道路。但实际上，冯家对孩子的教育仍然有一些自己的特色。

冯友兰入家塾时，正值晚清，中国的教育制度处于新旧交替之中。那时候，读书人读书的目的并不完全相同，既有为了国家民族复兴者，也不无专求个人名利者。在冯友兰的故乡，一些家塾要求学生熟读《龙文鞭影》《幼学琼林》之类的蒙学读物，是为了使学生从小记诵一些辞藻典故，以备将来做八股文章和试帖诗之用。有的家塾要求学生们读四书，不仅要求学生背诵四书原文，还要求背诵朱熹所作的章句和集注。这种教学方法也隐含着应付科举考试，博取个人功名的目的。

冯友兰进家塾之后，他的父母和先生没有让他一开始就把读书的重点放在《龙文鞭影》《幼学琼林》这类读物上，而是让他读《三字经》。冯家家塾为孩子们在教材上所作的这种选择，似是有其用心的。因为，在旧时的蒙学读物中，《三字经》经过明清两代学者的增补，已成为一种比较注重文化知识教育的儿童读物。冯家让孩子们初入学时就主要读《三字经》，这表明冯家对孩子们的教育，在功名与知识两者之间，更看重知识，更注意对孩子们的文化教育。

冯家在要求孩子们接受传统的中国文化教育的同时，也鼓励他们接受新学。冯友兰的父辈都是读书人，家中藏书颇丰。在冯友兰发蒙读书时，冯家的藏书中，除了经、史、子、集一类的传统典籍之外，也有《泰西游记》《地球韵言》之类属于新学的书籍。冯友兰在家塾中，即读过《地球韵言》。这是一部介绍地理知识的读物。地理，在旧中国的教育中，当属新学。在冯家的家塾中，可以说是新学与旧学兼备。这也反映了冯家的一种教育观念，表明了冯家的另一种家风，这就是：热爱传统，但不守旧；注重国学，也向往新学。对于冯家这个位于偏远小镇上的书香人家而言，这是非常难能可贵的。即使以今天的观念衡量，冯家这种既注重对孩子们实施国学教育，又鼓励他们从小努力接受新的科学文化知识的教育观念和方法，也是值得称道的。

冯家是一个靠勤劳致富的人家，对孩子们读书学习的要求也十分严格。冯友兰曾经说过，在钟表尚未普及的时代，他的母亲为了严格作息时间，让孩子们按时读书，画线于地，以志日影，影至某线休息，至某线读书写字，皆有定规。在严格的家规约束之下，小时候十分聪颖的冯友兰，读书非常勤奋。

冯友兰六岁入家塾，但连续在家塾中读书的时间只有三年。九岁时，冯友兰就到他父亲在湖北武昌任职的方言学堂生活。后来，冯友兰又曾回到老家念书，但时间也不长。细算起来，冯友兰在他的家乡连续生活的时间只有九年。但是，清水河畔的这段童年生活，对于冯友兰后来的学习与事业影响十分深远。美丽的清水河，雄伟的石柱山，自家宅院中的银杏、蜡梅，都深深地留在冯友兰儿时的记忆里。故乡的山水，赋予了冯友兰哲人的睿智与灵气；家塾的熏陶，培植了冯友兰个性结构中勤奋好学的潜质。这些都为冯友兰一生热爱自己的民族文化，在中国的学术园地中求新进取，独立创获，立下了根基。

武昌家塾的新风气

冯台异获同进士出身，时在清光绪二十四年（1898）。这一年，冯友兰年仅 3 岁，弟弟冯景兰才出生。

据冯友兰晚年回忆，他父亲获得进士身份以后，以知县任用。但父亲不愿意到偏远的省份去做知县，便自己出了一些钱，以"指省"的方式被分派到了湖北，在武汉"候补"，冯友兰只能跟随母亲留在祁仪老家生活。1904 年，冯台异在武昌方言学堂得到一个会计庶务员的职位，才把冯友兰母子接到任所生活。随同冯友兰来武昌的还有弟弟冯景兰、妹妹冯沅君。

武昌方言学堂是清末洋务运动的产物。清光绪十九年（1893），湖广总督张之洞在其变科举、兴学校思想的支配下，在武昌创办自强学堂。后来自强学堂的算术科合并到两湖书院，格致、商务两科停办，只办方言一科，于是自强学堂变成了方言学堂。武昌方言学堂开办英语、法语、德语、俄语四科，是我国近代史上创办较早的外语学校之一。

冯台异任职方言学堂，以及后来署理湖北崇阳县政，都得到了梁鼎芬的帮助。梁鼎芬乃晚清名士，因张之洞举荐，为官湖北，曾出任武昌知府。

当年，冯台异进入武昌方言学堂时，正值梁鼎芬兼任方言学堂监督，实即校长。冯台异"得缺"去崇阳做知县时，梁鼎芬已经代理湖北藩台。梁鼎芬晚年思想保守。但冯台异在湖北任职期间，梁鼎芬显然属于倡办洋务，主张"中体西用"的张之洞一系的人物。

冯友兰的家庭，在唐河祁仪富甲一方。生活方面，冯家虽然崇奉勤俭，但早已形成乡镇上殷实人家的生活方式和格局。冯友兰母子来到武昌，经济来源主要依靠冯台异在方言学堂的薪俸；居所则是租借来的。就生活条件而言，实不如在唐河祁仪老家。

冯友兰在武昌家中的读书生活，主要由母亲安排。母亲除了操持家务，照料丈夫和儿女们的起居生活外，余下的时间都用来照顾孩子们读书。

吴氏根据冯友兰兄妹过去的读书情况，为他们每一个人都拟定了具体的读书计划。她让冯景兰从《诗经》读起，冯沅君开始读四书，冯友兰则开始读一些内容更加艰深的典籍。冯友兰后来回忆说，在他的读书生活中，《尚书》《周易》《左传》这三部中国传统典籍，就是在武昌时由母亲带领他读完的。

母亲带他读书，不仅像在家塾一样要求他"包本"，即每读完一部经典，要求他能够背诵才算读完；同时也采取一些奖励措施，鼓励他和弟妹用功读书。她的办法是孩子们每读完一册书，并且符合她的要求，便煮两个鸡蛋，或者花几个铜钱去街市上买一块五香牛肉给这个孩子，以表示对孩子用功读书的奖励。

在武昌生活期间，冯友兰虽然随母亲在家里读书，但并没有失去与当时的新式教育的联系。冯台异本人在方言学堂任职，对于当时的新式教育十分了解。他每天回家后，除了为孩子们解答他们的母亲不能解读的文字以外，还注意将新式的教育方法带进自己的家庭，施教于孩子。

洋务派人士主张兴办学校，广育人才，与中国传统教育的内容、目的都有所不同。张之洞曾亲自编写《学堂歌》，宣传洋务派的办学主张。《学堂歌》中写道：

天地泰，日月光，听我唱歌赞学堂。

圣天子，图自强，除去兴学别无方。

教体育，第一桩，卫生先使民强壮。

教德育，先蒙养，人人爱国民善良。

孝父母，尊君上，更须公德联四方。

教智育，开愚氓，普通知识破天荒。

物理透，技艺长，方之谋生并保邦。

…………

众同学，齐奋往，造成楚材皆贤良。

文善谋，武知方，学中皆是国栋梁。

荀卿子，歌成相，此歌劝学略摹仿。

中国盛，圣教光，黄教尊贵日蕃昌。

上孝慈，下忠良，万年有道戴吾皇。

《学堂歌》提倡教育强国，主张以体育强壮人的体质，以德育培养人的爱国意识，以智育了解物理，增进人的知识，提高人的技艺，具备谋生保邦的物质基础。这首歌既较为集中又较为通俗地反映了当时新式教育的内容，曾在学生中广为传唱。冯台异回到家中，也叫孩子们学唱《学堂歌》。冯友兰晚年回忆自己当年在武昌的生活，仍然记得他父亲教他唱的《学堂歌》。

当时，武昌新式学校的学生时兴穿统一的学生装。冯台异也让他的孩子们穿上这种学生装，尽量使他们像当时新式学校的学生一样生活。

冯台异还自己编写地理教材和历史教材，教冯友兰兄妹学习。他编写的地理教材名为《山泉斋舆地学讲义》，既介绍外国地理，也介绍中国地理。冯友兰兄妹晚年仍完好地保存着这份讲义。冯台异编写的历史教材内容也十分丰富，但这份讲义后来因故被毁，未能保存，冯友兰晚年仍为此痛惜不已。

冯友兰在武昌的生活只有两年时间。这两年中，他虽然是在母亲的指导下，在家中阅读《左传》之类的传统典籍，但由于父亲的教育，他也开始接触新的文化教育，感受晚清时期新旧文化并存、交替的时代气息。

在崇阳县衙的感悟

如果说，冯友兰在武昌的生活是他接受新式教育的开始，那么，冯友兰对中国文化传统的体悟，则始于他在崇阳的生活。

冯友兰的父亲"得缺"署理湖北崇阳县政，时在光绪三十三年（1907）。

崇阳是鄂南地区的一个小县。但是，在旧中国，知县乃一县之长，冯台异去崇阳赴任，行李、随员以及仪仗全依旧制。冯友兰和父母、弟妹们一起分坐几乘大轿，由仪仗和礼炮迎接，进入崇阳县城。

刚到崇阳时，冯台异曾安排冯友兰母子暂居于茶厘局内。由于冯友兰兄妹的教读师爷未能随冯家同到崇阳，在茶厘局内住下之后，仍暂由冯友兰的母亲督促他和弟妹读书。

教读师爷来到崇阳后，冯友兰和弟妹的读书生活开始走上正轨。先生为他们开设了古文、算术、写字、作文等四门课程。古文、写字、作文，就内容而言可以说都在现今小学生的语文课范围内。所以冯友兰和弟妹所学的四门功课，实际上就是语文与算术。算术的内容，从加减乘除学起，程度不等。古文则是读吴汝纶所编的《古文读本》。从这个读本所选的文章内容来看，程度又远远高于现今小学的语文课程。

冯友兰在先生指导下读书，就课程内容而言并不吃力。功课之外，他还有不少的闲暇时间。冯台异虽然将冯友兰读书之事托付给了教读师爷，但对冯友兰的课余活动，仍有自己的约束。他不允许冯友兰在课余去街市上闲逛，至于冯友兰课余的具体活动，他则不管。这使得冯友兰能够自由支配课余时间，接受另外一些形式的教育。

这种教育，即在功课结束之后，泡父亲的签押房，阅读课外书籍。冯台异的签押房中，有不少新旧书刊。冯友兰最喜欢阅读其中的《外交报》。因为，从《外交报》上可以获得当时国际方面的知识和消息。冯友兰在父亲的签押房中，还翻阅过清政府颁布的京师大学堂章程。虽然年幼，对章程内容不能全懂，但章程中所说"经科""尚书门""毛诗门""通儒门"这类名称，还是留在了冯友兰的记忆里。

父亲在签押房处理政务，冯友兰即在签押房翻书；父亲不在签押房时，冯友兰也翻看他办公桌上的东西。在看这些东西的过程中，他知道了知县的俸禄与"养廉"是有别的；

对于知县平日在礼仪、服饰方面的规矩也有了一定的了解。

冯友兰课余在他父亲的签押房翻阅新旧书刊，这是读有字之书。冯友兰也有读无字之书的时候。这就是一个人观察崇阳县衙的建筑格局与体制。这种观察，也是一种学习。这种学习，实际上是体认中国的文化传统。

中国的文化传统，有的见诸书契文字，有的潜存于人们的心灵情感，有的则是通过建筑和器物来体现的。冯友兰幼时读书，接触的大都是儒家经典，对于中国的文化传统，实际上已有所了解。但冯友兰从实际中去体认中国的文化传统，是从到崇阳县衙生活以后才开始的。他从对崇阳县衙中大堂与吏、户、礼、兵、刑、工六部办公之所的差别的了解，开始初步认识旧中国官、吏之间的区别，体认到了县官何以古为"百里侯"。在崇阳县衙中的这种观察与体认，使冯友兰亲身感受到了什么是官府的权势与"陋规"，什么是皇权的至尊与显赫。冯友兰后来长期致力于学术事业，但他并非一个单纯的文化人。他在学术、事功方面都曾有过自己的追求与抱负，并长期担任清华大学文学院院长，表现出了相当强的行政工作能力。冯友兰的行政工作能力，大概与他小时候在崇阳县衙中的耳濡目染有一定的关系。

冯台异在崇阳知县任上的时间十分短暂。清光绪三十四年（1908）夏天，冯台异暴病卒于崇阳任所。这一年，冯友兰实龄 13 岁，冯景兰 10 岁，冯沅君 8 岁。

冯台异辞世后，冯友兰的母亲吴氏夫人为了安葬丈夫及安排冯友兰兄妹的读书生活，在冯台异弟弟冯汉异的帮助下，带领冯友兰兄妹，扶着冯台异的灵柩，迅速踏上了返回唐河老家的归途。

唐河高小的"预科"

冯友兰回到祁仪后，光绪帝和叶赫那拉氏相继去世；不久，爱新觉罗·溥仪即位，改元宣统，清王朝的危机加剧，中国的社会生活更加动荡不安。

冯友兰从崇阳回到祁仪老家时，冯家也遭遇了另外一些变故与事端：一是冯友兰的祖母去世，二是冯家遭劫。

冯家遭劫，时间大约是宣统元年至宣统三年之间。冯友兰曾说：唐河自宣统元年春至三年冬，地方不靖，先伯父请兵剿匪，被匪首王八老虎视为深仇，家中一夕数惊，人皆逃避。关于冯家遭劫，冯友兰的堂兄冯培兰之子冯钟俊也曾忆及。冯钟俊说，宣统初年，他的曾祖母去世，二祖父新丧，均停柩在舍，未及安葬。他祖父冯云异因请兵剿匪，与匪首王八老虎结下冤仇。王八老虎声言要破寨报仇，致使冯家妇孺老幼日夜生活在悲痛与惊慌之中。他的祖父冯云异、三祖父冯汉异组织人员巡察戒备。他的父亲冯培兰其时正年轻力壮，亲领乡勇巡逻。他六叔冯友兰还曾在一个雪花纷飞的寒夜，给他父亲冯培兰送衣御寒。依冯钟俊所说，这个雪花纷飞的寒夜，应是冯友兰从崇阳返回祁仪的这年冬天。

据冯家人回忆，后来曾有大股土匪进攻祁仪，冯家子弟都曾参与防备。在激战中，终因势单力薄，土匪攻进了祁仪镇，烧杀掳掠，无所不为，冯家财产损失甚重。土匪离镇后，冯家人才陆续返回故居。

冯友兰、冯钟俊所说匪首王八老虎，出身贫苦，曾为练军军官，后因罪入狱。越狱后，组织队伍，劫富济贫。后被河南南阳镇总兵于宣统三年捕杀。冯友兰晚年重修唐河县志，曾提到过此人。他认为，清末民初，唐河地方匪夷四起，但是有的人劫富济贫，不一定是匪。如王八老虎，虽然过去被视为匪首，但对此人在清末民初的所作所为，应纳入当时时代条件下去具体分析，再作出符合实际的判断。

冯友兰晚年对当年他老家遭劫一事如何评断，不必深究。仅就他母亲当年从崇阳回到祁仪老家后所面临的事变而言，的确是十分艰难的：丈夫后事没有全部处理妥帖，儿女们读书之事也未及安排，家中不仅新添失去婆母的悲痛，而且面临仇家的报复。在这种艰难的境遇中，倘若是一般女性，真是不知所措了。

但是，吴清芝是一位坚强的女性，面对家中一连串的变故与不幸，丝毫不乱，其沉稳与果决，不逊须眉。她对于妥善料理丈夫的后事，重新安排好冯友兰兄妹的读书生活这两件大事的信念与决心，丝毫没有因为家中的变故与事端而产生动摇。当时，因为王八老虎扬言复仇，冯家人在惶恐中纷纷出去避难。吴清芝则因为丈夫灵柩尚在家中，坚持在家守护。后来，一待丈夫后事办妥，她又立刻着手安排冯友兰兄妹的读书生活。

冯台异暴病卒于崇阳任所，给吴清芝留下了三个年幼的孩子，对于如何教育孩子，却未能留下只言片语。可谓"无一言之遗命，留群雏于孟光"。

吴清芝重新安排冯友兰兄妹的读书生活时，所依持的理念，一是丈夫生前曾经告诉过她的：孩子们读书，不论将来学习什么知识，做什么事业，首先都必须打好中文底子；二是对子女的教育，丈夫曾经说过，不希望自己的子孙中代代都出翰林，因为那是不可能的，但是，在自己的子孙中，秀才的功名是不可断缺的。代代都有秀才，对于一户人家来说，即是承续了自家的书香传统；丢掉了秀才功名，则意味着丢掉了自家的书香传统。

吴清芝也十分清楚，冯台异在冯家子弟中是获得过进士身份的人物，教育子女继承冯家的这一书香传统，对于冯家而言是何等重要；同时，她也知道，冯台异去世以后，她孤身一人，抚育孩子去继承冯家的书香传统，需要付出加倍的艰辛。

吴清芝秉持丈夫生前的理念与愿望，在料理完丈夫的后事之后，即刻与冯云异和冯汉异商议，要求延聘教师来家，教冯友兰兄妹读书，为孩子们以后的学业，继续奠定中文基础。冯云异、冯汉异与冯台异手足情深，体谅吴清芝的用心，积极支持吴清芝的主张。于是冯友兰由母亲安排，在祁仪老家重新开始了自己的读书生活。

吴清芝重新安排冯友兰兄妹的读书生活，与乡镇上小户人家"菜根切莫多油煮，留点青灯教子书"的情景有所不同，经济方面并无多大难处。对待冯友兰的先生，她也仍然像过去一样，"束脩既厚，膳馔亦丰"，十分优待和敬重，先生教冯友兰兄妹读书也尽心尽力。

重回祁仪读书期间，冯友兰在一个年轻先生的指导下，阅读过黄梨洲的《明夷待访录》。黄梨洲自谓"一生著述未必尽传，自料亦不下古之名家"。其《明夷待访录》在中国学术文化史上，首开批判中国数千年专制思想之先河，被后世学者视为17世纪的中国民权宣言。冯友兰在他的先生指导下，读黄氏此书，获益很多。冯友兰晚年谈及自己的这段读书生活时，还说到这位指导他读黄梨洲的《明夷待访录》

的先生教给了他不少新的知识。

从崇阳回到祁仪之后，冯友兰在家中的读书生活持续了两年，后来没有再继续下去。原因一是他先生为了自己的学业，要去省城开封念书；二是冯友兰已经15岁了，在家塾中念书已近十年，家塾教育不能再满足他的学习要求；加之当时各地兴设新式学校，唐河也办起了县立高小。在这种情形之下，冯友兰的母亲担心让孩子在家中念书无法得到社会的正式承认，获得她所认定的读书人应有的身份和功名，妨碍孩子的前途，有负冯台异生前的心愿。

当时的县立小学，颇似从前的县学。晚清时期，秀才考试，即是县学的入学考试，进入县学学习的学生，即是秀才。吴清芝，作为一位旧时代的女性，还无法理解晚清时期兴办各级学校，实际上是使学生接受教育的方式，从家塾的形式，或说家庭的形式转向社会化形式的开端，已经酝酿着中国教育制度方面的重大变革。她念念不忘的仍然是孩子们的功名和冯家的书香传统。在她的理解中，当时的县立小学可与过去的县学比拟。于是，她在宣统二年（1910），即冯友兰15岁时，决定让他和冯景兰一起去报考唐河县立高小。

冯友兰报考唐河县立高小的时候，已在家塾中学习了近十年，就他的文化程度而言，实际上已不止高小了。以这样的学力去报考，果然一考即中，并且还受到了县官的夸奖，说他的文章写得很好。经过考试，冯友兰和弟弟冯景兰，还有堂兄一起走出家塾，进入唐河县立高等小学念书。

唐河县立高等小学的前身，实即冯台异曾经出任过山长的崇实书院。冯友兰与冯景兰兄弟在父亲过世之后，正式来到留有父亲足迹的地方学习，心情自然与众不同。但是，冯友兰进入的唐河高小这一个班级，因为手续方面的问题，河南省不予承认。县里只好将他们算作县立高小的预科。高小预科等于初小。冯友兰当年以高于高小的学力报考高小，结果却得到一个低于高小的高小预科学历。这种正式学历与他的学力相比较，不是超前，而是滞后。这在冯友兰的读书生活中算是一段趣话。

上海中国公学

冯友兰考入唐河县立高小，只能以预科的身份在校学习。这种学业当然无法再继续下去。因为，对冯友兰来说，已经不需要待预科结业之后再上高小，他需要的是接受正规的中学教育。于是，在唐河高小结业之后，冯友兰的母亲决定让他去省城开封，报考中州公学。同去报考者中有冯友兰的堂兄冯湘兰，还有其他一些具有正规高小学历的考生。结果冯友兰以初试第二名，复试第一名的成绩，考上了中州公学。这次考试，冯友兰在众多考生中脱颖而出，成绩优异，已经初显他在长期的家塾生活中积累起来的深厚的文化素养，表现了他在学业方面的灵性和才气。

开封中州公学是由河南士绅杨源懋、李敏修等人创办的一所私立学校。杨源懋曾为清末翰林，但思想趋新。在杨源懋的主持下，不少与孙中山创建的同盟会有联系的知识分子，进入中州公学担任教员。这使得中州公学的教学内容与教学质量，在当时河南教育界颇受好评，是当时河南青年学子最向往的省城中学。因此，冯友兰当年考入开封中州公学，应当说是进入了当时河南省城最好的中学。冯友兰进入中州公学，对于冯家而言是一种很大的慰藉。

在冯友兰考入中州公学之前，他的堂兄冯培兰已经在开封优级师范地理专科读书，冯瀛兰已在中州公学法政专科读书。冯友兰和冯湘兰进入中州公学之后，冯家子弟在冯友兰这一辈人中，已有四人在省城念书。这使得祁仪冯家这个有着浓厚的书香传统的人家，又出现了一些新的气象。

1911年春天，冯友兰入读中州公学。暑假回到祁仪后，与自己的表妹吴淑贞缔结百年之好。冯友兰进入中州公学与新婚同在一年，可谓喜上加喜。在冯友兰的人生中，这段时间，应该是一段比较振奋和快乐的日子。

冯友兰的母亲吴清芝，在冯友兰进入中州公学的这一年，应族弟吴简斋的邀请，出任唐河县端本女学的学监。吴简斋时任唐河县教育局局长，端本女学即是在吴简斋的主持下开办的。当时，吴清芝主持女学，办学理念尚无法超越洋务派人士"中学为体，西学为用"的思想，但她把女性带进学堂，这也算是开风气之先了。吴清芝主持端本女学时，把自己的女儿冯沅君、儿媳吴淑贞也带到女学念书。在唐河这个偏远的县城里，社会风气十分保守，吴清芝走出家庭，服务社会，继续她丈夫曾经在唐河为之献身的教育事业，这也是吴清芝人生中最为精彩的篇章。

冯友兰在中州公学就读的是中学班，如果他顺利地完成学业，其后，也会学有所成。当年，与冯友兰在中州公学同班的张仲鲁，后来曾进入清华，在事业上也有所成就。

但是，一个人接受教育的机遇，常常要受到许多个人无法控制的因素的干扰和制约。冯友兰进入中州公学这一年的10月10日，爆发了武昌新军起义。辛亥革命的志士们将"驱除鞑虏，恢复中华"的愿望诉诸武力，"光复"的声浪响遍神州大地，中国延续数千年之久的封建帝制，终于崩塌在辛亥革命的熊熊烈火之中。

辛亥革命爆发后，中州公学一度停课。冯友兰和他的堂兄因害怕失去与老家的联系，在省城生活没有着落，不得不返回唐河老家。中州公学复课时，已经是民国元年。当冯友兰回到中州公学时，老校长杨源懋已经去世，中州公学的教务也已今非昔比。冯友兰开始不满意在中州公学的学习，他决定寻找另外的学习环境。

冯友兰寻找的结果是决定转学武昌中华学校。武昌乃冯友兰幼年时期随父母生活过的地方。在辛亥革命中，武昌又是首义之地。冯友兰希望转学武昌，是因为武汉这座华中地区的大都市，新的时代气息较开封更加浓厚；更为直接的原因，则是他所选择的中华学校，在当时的影响已经超过他所在的开封中州公学。

中华学校当时的校长是辛亥革命时期大名鼎鼎的黎元洪。黎元洪本是一介武夫，1911年武昌起义后，被推任为鄂军都督，后又当选为南京临时政府的总统，可谓显赫一时。在旧社会，不少舞文弄墨者喜攀结权贵，一些与斯文无涉者则好附庸风雅。中华学校真正的创办人是陈时。陈时请黎元洪担任中华学校的校长，无非是要借助黎元洪在当时的影响。但在陈时的实际主持下，当时的中华学校确实也办得生机蓬勃。

冯友兰转学武昌中华学校的愿望得到了母亲的支持，愿望很快变成了现实。冯友兰来到武昌中华学校，本意是要在中华学校度过自己的中学生活。但是，他进入中华学校不久，即得到了上海中国公学在全国招生的消息。于是，冯友兰在中华学校接受中学教育的心愿又开始动摇。当年上海中国公学招生的消息，使冯友兰动心的原因有二：一是仰慕上海中国公学在社会上的名气和影响；二是对中国公学的招生方式感兴趣。

上海中国公学创立于1905年。是由一批在日本的中国留学生，因为不满日本政府对中国学生的歧视而回国创办的。姚从吾、黄存真、梁价山等人是创办者中的代表人物。从日本归国的留学生们，出于民族义愤而创立中国公学，曾在社会上引起广泛的影响，也得到了社会各界人士的支持。被后世学者认定为我国的实业与教育的发展作出了卓越贡献的张謇，就是中国公学的支持者之一。张謇曾经建议在上海创建一所工科大学，将中国公学作为高等工科学校的预备。中国公学创立之后，由于学生与董事会的矛盾，一度分裂为新老中国公学。至1909年才又重新合并成一所学校。

胡适是1906年考入中国公学的学生。在新中国公学中，胡适曾经以高班学生的身份，担任低班同学的英文教员。杨杏佛、张奚若等人都是胡适在新中国公学任教时期的学生。中国公学推行自治，十分注重对学生传授新的文化科学知识，在中国近代教育史上，是一所颇具特色的学校，也是一所在当时对中国青年学生具有较强吸引力的学校。后来，梁启超在政坛失意，矢志在教育方面做一番事业，还曾一度承办中国公学，计划把中国公学改造成为一所真正的大学，使中国公学"大有造于中国"。为此，梁启超曾经以自己的声望与影响，吁请海内外"诸人邦友"共襄盛举。可惜梁氏的这番心愿未能完全成为现实。从梁启超对待中国公学的态度，也可以看到中国公学在旧中国的影响。

当年，冯友兰得知中国公学的招生消息时，中国公学以黄兴为校长。黄兴曾经留学日本，回国后和宋教仁、陈天华等人在湖南长沙组织过兴中会，后来又成为孙中山领导的同盟会的重要成员。武昌新军起义后，黄兴曾来到武昌，担任革命军司令。上海光复后，黄兴来到了上海。由于黄兴是辛亥革命活动中的领袖人物之一，1912年中国公学恢复招生时，即以黄兴的名义通电全国，要求各省选送考生进中国公学学习。这种特殊的招生方式受到各地重视。河南省计划派送二十名考生去中国公学学习，并且决定对每一位进入中国公学的学生，每年资助二百两银子。中国公学本来就是冯友兰一类青年学子所仰慕的学校，进入中国公学还可以得到官费资助，这种待遇对冯友兰也较具有吸引力。于是，他决定放弃在武昌中华学校刚刚开始的学业，回到河南省城开封，参加入选中国公学的考试。他在1912年的冬天，如愿以偿，以河南省官费生的资格，来到上海，进入了中国公学。

冯友兰在中学阶段，更换了三所学校。从冯友兰对学校的选择中，我们可以看到他青年时代，学业方面即已经具备相当厚实的根基，能够适应不同学校对考生学力的要求。同时，也可以看到他青年时代强烈的趋新观念；在这种趋新观念中，蕴含着一种非常传统但也十分现实的读书目的。趋新的观念使冯友兰希望到新时代气息最浓的环境中去，沐浴时代的风雨；传统的读书目的，使冯友兰向往在最好的学校，学习最有实用价值的科学文化知识。这种趋新观念和读书动机，应是冯友兰当年从中州公学来到中华学校后，又报考中国公学的主观缘由。

冯友兰晚年，对自己中学时代选择中华学校与中国公学的眼力是颇为自负的。他认为，当时自己选择中华学校和中国公学都是正确的。历史证明，不论是武昌中华学校还是上海中国公学，在 20 世纪初，确实都是中国最好的中学。中国现代史上的精英人物中，恽代英、胡适之等人都曾分别在中华学校和中国公学接受过中学教育。冯友兰本人后来的学习生活和学术事业，也同他在中国公学的学习生活紧密地联系在一起。

第 2 章

北 大 学 子

初临"沙滩"的见闻

冯友兰的大学生活是在中国的最高学府北京大学度过的。冯友兰当年之所以报考北京大学，同他在上海中国公学学习时培植和形成的学习兴趣相关。

20 世纪初，上海的学校喜用英文原本教材，中国公学也不例外。冯友兰进入中国公学以后，教员讲授逻辑，重点不在于介绍逻辑学知识，而是注重教学生念英文。中国公学的这种教学方法，使冯友兰的英文得到了强化。

在中国公学，冯友兰虽未放弃对中国传统文化的深入了解，但学习中用力较多的仍是西学。这一方面是因为当时中国公学的教学注重新学，而所谓新学的内容实是西学，他必须全力应付学校规定的西学课程；另一方面也是由于新的学习环境，引发了冯友兰对西学的兴趣。当时，他对于西学的兴趣集中在逻辑学上。

一个人对于知识的追求，所知愈少，愈求深知。冯友兰对逻辑学的兴趣，使他对哲学也产生了极大的兴趣。这使得他1915年完成中学学业时，将目光投向了北京大学。因为，当时唯有北京大学开设哲学专业，而冯友兰的学习志向早已锁定哲学。

1915年，冯友兰报考北京大学，可报考理科，也可报考法科。但为了学习哲学，他报考了文科。北大的招生人员曾劝说冯友兰报考法科，珍惜自己正规大学预科的资历。在冯友兰决意报考文科时，他们又劝冯友兰先报考法科，待进校后再决定上法科还是上文科。因为在北京大学，由法科转学文科十分容易，由文科转学法科则十分困难。在人们的劝说下，冯友兰报考了北京大学法科。北大当年为冯友兰等考生所出的考题，仍沿袭过去殿试策问的体裁。冯友兰凭借自己深厚的传统文化功底，通过了入学考试。进入北大之后，冯友兰不改初衷，从法科转到了文科，进入中国哲学门学习。

北京大学，这座近现代中国的最高学府，培育了数以万计的优秀中华儿女。这些从北京大学走出来的莘莘学子，曾在不同的岁月中，用无比美好的语言和文字描摹自己的母校，赞美自己的母校。

在这些赞美北大的学子中，有一位朱海涛先生。朱先生曾在20世纪40年代写成过一组《北大与北大人》的文字，连载于《东方杂志》。朱先生的这组文字中，有一节名为《沙滩》，写尽了北京大学校园环境的清幽与秀美：

> 沙滩往西就是北平最美最平的那条北池子北口。隔着满开着荷花，宽宽的护城河，耸立着玲珑剔透的紫禁城角楼，朱红的隔扇，黄碧的琉璃，在绿树丛中时露出一窗一角。平平的柏油路，覆着两旁交叉成盖的洋槐浓荫，延伸着向南，朱门大宅分列道旁。向西望去，护城河的荷花顺着紫禁城根直开入望不清的金黄红碧丛中，那是神武门的石桥、牌坊，那是景山前的朝房、宫殿。我尤爱在烟雨迷蒙中在这里徘徊，我亲眼看到了古人所描写的："云里帝城双凤阙，雨中烟树万人家。"

在这段优美文字的末尾，朱先生还有一句结语："北大人是在这种环境中陶冶出来的。"

朱海涛先生不愧为北大学子。他写尽了北大校园的秀美，也道出了北大人生活环境的特殊。北京大学曾以它秀美的山水，陶冶过北大学子的心灵；也曾以它特殊的环境，锻炼过北大学子的聪明才智、思想品格，培养过北大学子的文化传统和科学精神。

人们忆及北大，总会提及"沙滩""红楼"。其实，"沙滩"并非真的沙滩，而是街名；"红楼"倒真的存在，它是当年北大一院的教学楼。冯友兰初临"沙滩"时，正值胡仁源代理北京大学校长，夏锡祺为文科学长。在胡仁源主持的开学典礼上，冯友兰第一次见到了辜鸿铭。

辜鸿铭因为进入民国以后仍拖着一条小辫子而为世人所乐道。民国年间，辜氏也曾以自己坚持蓄辫而自负。20世纪20年代，辜鸿铭曾在张勋的寿诞之时，为张勋书赠苏东坡的赠友诗：

荷尽已无擎雨盖，菊残犹有傲霜枝。

辜鸿铭所谓的"傲霜枝"，即张、辜二人坚持不剪的辫子。辜氏借苏东坡所说的"傲霜枝"指称自己和张勋在新时代顽固地留蓄着的发辫，既让人厌其守旧，也令人羡其才智。

在北大开学典礼上，辜鸿铭以英文门教授的身份做长篇发言。冯友兰曾回忆说，辜氏发言大意有二：一是认为国民政府的为官者，追求的都是保住自己的饭碗，他们的饭碗很大，能装得下汽车，装得下姨太太；二是指斥当时的趋新者文化素质低下。他认为："现在人做文章都不通，他们所用的名词就不通，譬如说'改良'吧，以前的人都说'从良'，没有说'改良'，你既然已经是'良'了，你还'改'什么？你要改'良'为'娼'吗？"冯友兰第一次听辜鸿铭演讲，听到的尽是辜氏对当时的国民政府和社会现实的攻击与谩骂。

北京大学正式开学以后，辜鸿铭仍然拖着他的小辫子，到课堂上去骂政府，去宣传他的"尊王大义"。冯友兰没有听过辜鸿铭的课，但辜氏守旧的文化主张，仍不绝于耳。

冯友兰进入北京大学以后，在接触到辜鸿铭这类长于西学，却顽固地维护中国传统文化的守旧人物的同时，还接触到了另一种类型的文化守旧人物。这类人物国学功底厚实，并因长于国学而提倡"国故"，拒斥西学和新文化，黄侃和刘师培是这类旧派人物的不同典型和代表。

黄侃出生于湖北蕲春，是国学大师章太炎的嫡传弟子。当年，黄侃等章太炎弟子先后进入北京大学任教，本身就是新旧文化势力矛盾的一种表现。

五四前后，北京大学文科教师中有所谓"三沈"。"三沈"者，沈尹默、沈士远、沈兼士三兄弟也。沈尹默并非章太炎弟子。在沈家三兄弟中，沈尹默最先进入北京大学任教。沈尹默之所以能够进入北京大学任教，也是因为外传沈尹默乃章太炎弟子。后来，章太炎的弟子马裕藻、黄侃、钱玄同等也先后进入北京大学。沈尹默进入北京大学之后，做了预科的教授，马裕藻、沈兼士、黄侃、钱玄同等则先后担任了北大中国文学门的教授。

北京大学成立不久，章太炎弟子进入北大取代严复聘用的旧人，这种现象所反映的新旧文化矛盾，有其历史渊源。

晚清时期，严复与章太炎都曾名重一时，但二人却分属于不同的文化阵营。严复一生，大量传介西学，对中国学术文化的建设居功甚伟，但在政治上，严复始终停留于维新立宪的立场。章太炎则大为不同。他早年投身社会革命，七被追捕，三入牢狱；他关于共和的主张、同帝制与保皇党势不两立的言论，对于民国初年的人来说，言犹在耳。所以北京大学视章太炎的弟子为新派人物加以重用。加上章太炎的弟子们学有专长，在国学方面造诣很高，在当时确为一支重要的学术力量，完全可以胜任北京大学的教学工作。但是，章太炎弟子的思想倾向、学术旨趣并非完全一致，实际上也可以划分出守旧与开新两派，黄侃即为守旧派代表。

黄侃在学术思想方面唯旧为然。周作人晚年回忆说，当年北大的章太炎弟子们曾经作诗分咏北大名人，论及黄侃的一句诗为"八部书外皆狗屁"。其意是说黄侃所崇奉的典籍仅限于《毛诗》《左传》《周礼》《说文》《广韵》《史记》《汉书》《文选》等八部书。在黄侃看来，除了这八部书之外，其他典籍皆不足论，亦不足信。

黄侃在学术方面守旧，但其所治国学，自成一家之言。这又使得黄侃恃才傲物。据说黄侃走路，不是仰首窥天，就是俯首察地，一副不屑顾人的模样。许多北大学子，论及黄侃的傲慢，都记忆犹新。陶希圣当年在北大，黄侃正在讲国学，陶希圣竟不敢去旁听。其原因用陶希圣自己回忆北大生活时的话说是："我们预科生断乎不敢望其项背。那黄先生是傲慢无比的。"黄侃在北大，因其恃才傲物为人们所乐道，也因其博学多识为学生们所景仰。

冯友兰进入北大时，黄侃在北大讲国学，吟诵古文的声调被北大学生们称作"黄调"。据冯友兰回忆，这种"黄调"抑扬顿挫，十分中听，学生学习模仿，趋之若鹜。黄侃是湖北蕲春人，蕲春一带的方言实际上很难懂，更说不上好听。一位北大学生回忆当年上黄侃的国学课，说自己因俯首桌面而受到黄侃批评。黄说的是："我讲课，你困觉。"从"你困觉"这句话来看，黄侃似乎乡音未改。以带有蕲春乡音的"黄调"为美，今天听来，匪夷所思，不知美在何处。但是，当年北大学生模仿"黄调"，却是事实。冯友兰曾说，当年北京大学校园内，到处可以听到"黄调"。冯友兰在北大，先后听黄侃讲《文选》和《文心雕龙》。黄侃讲课，喜欢出题让学生们学习作诗。冯友兰曾经代替文学门一位学生做了几首诗，交给黄侃批改，黄侃还写过赞赏的评语。

冯友兰进入北京大学时，国学造诣可与黄侃媲美的教授要数刘师培。刘师培出生在一个汉学世家，从小博闻强记，聪明颖悟；在北大任教时，年纪不过三十几岁。刘师培原为同盟会会员，后鼓吹帝制，积极参与袁世凯复辟帝制的活动。因此，一顶"筹安会六君子"之一的"桂冠"，使得刘师培在北大教授队伍中格外引人注目。周作人在他的《北大感旧录》一文中，把辜鸿铭称为北大第一"畸人"，把刘师培视为北大"畸人"第二。而且因为刘师培书法极劣，写字不分笔顺，一气连写，周作人又称刘师培为北大教授中的"恶札"第一。刘师培书法不佳，大概不是虚言。北大学子杨亮功在忆及刘师培的书法时，曾说他书法极劣，却不自觉其劣，还拟卖字。黄侃笑话刘师培，说他要卖字，只需写刘师培三字去卖即够了，语中多嘲讽之意。但在学问方面，却无人胆敢小觑刘师培。

刘师培是五四前后专门探讨过学术史研究的学者之一。他的《哲理学史序》刊发于 1905 年。早于谢无量 1916 年出版的《中国哲学史》，也早于胡适之 1917 年在北京大学作为哲学史讲义印发的《中国哲学史大纲》。如果当年刘师培进入北京大学以后，讲授中国哲学史，不仅会成为冯友兰的业师，其在中国现代学术史上的地位也会另当别论。刘师培36岁就病逝了。当年文学门学生杨亮功和同学一起，参与料理刘氏后事。其时，一棺在室，空庭悲风，凄凉之极。冯友兰当年在北大曾听刘师培讲文学史，刘师培也因其博学而为冯友兰一类北大学子所尊崇。

蔡元培先生主持北大校务，不仅续聘了辜鸿铭、黄侃一类原北大教授中的旧派人物，新聘了刘师培这种类型的旧派学者，同时也聘请陈独秀、李大钊、胡适之这类主张新文化的学者进入北京大学任教。主张新文化的代表人物，与主张旧文化的代表人物齐聚一堂，各以自己的学识专长、人格情操及理论信念，影响和感染着冯友兰与其他北大学子。

走进学问的天地

冯友兰报考北大，目的是学习西洋哲学。因为，在上海中国公学时，冯友兰已听说北京大学筹建西洋哲学门，并聘请周慕西先生担任西洋哲学门的教授。但冯友兰进入北京大学的时候，周慕西先生已经去世了。这使得北大筹建西洋哲学门的计划受挫，也使得冯友兰学习西洋哲学的希望成为泡影。专攻西洋哲学的愿望无法实现，他只好进入中国哲学门学习。

冯友兰进入中国哲学门以后，学校规定中国哲学门的学生需选修印度哲学、言语学、社会哲学、经济学、心理学、欧美哲学、逻辑学史、中国名学等课程。但是，由于当时学术界对哲学的了解十分有限，一般人心目中的哲学，即是中国人所理解的义理之学。因此，中国哲学史、诸子学、宋学等课程成了中国哲学门学生的主修课程。冯友兰虽曾选修许季上、梁漱溟开设的印度哲学，顾梦渔开设的经济学，李石曾开设的社会学，沈步洲开设的言语学，陈大齐开设的哲学概论，陶孟和开设的心理学等课程，但他主要的学习时间，都用在了中国哲学史和中国哲学课程上。

学习中国哲学史、诸子学、宋学，从总体上讲，是在继续接受中国的传统文化教育。但这种教育对于冯友兰而言，不论是视野还是知识层面，与他过去接受的传统文化教育已经大不相同。进入北京大学之前，冯友兰所接触的中国传统文化，在相当大的程度上都停留在读书识字这种层面；在北大的学习，则使他开始真正接触中国文化的精神与传统。

当年在北京大学，为冯友兰讲授过中国哲学课程的教员主要是马叙伦、陈介石、陈汉章三位先生。马叙伦先生为冯友兰讲授过宋学，陈介石、陈汉章两位先生为冯友兰讲授过中国哲学史。这三位先生，在中国近代学术史上均是饱学之士。

马叙伦先生在老庄哲学方面颇有造诣。他为冯友兰讲宋学，大概是1915年上学期。因为反对袁世凯称帝，马叙伦先生给冯友兰这班学生讲了一学期宋学后，即辞去北京大学教职，到上海去了。马叙伦先生的学问和人品，给冯友兰和同学们留下了深刻的印象。

陈介石曾为冯友兰所在的中国哲学门学生讲授诸子哲学、中国哲学史等课程，因其博学多识而受到学生尊敬。冯友兰晚年忆及自己的这位业师时，说他不单学识渊博，而且对待学生态度极为诚恳。陈介石讲温州方言，学生听不懂。他每次上课，先分发自己的讲义，然后再将自己所要讲授的内容板书出来。板书的内容，与所发讲义中的内容并不完全重复，且上课时间把握得十分准确。陈介石这种教学态度，使冯友兰和同学们十分感动。

陈汉章也是冯友兰的业师。据沈尹默回忆，陈汉章在北大的教学生涯，是从接替他教历史开始的。陈汉章的博学，在北大早期的文科学生中广为人知。冯友兰在北京大学时，听了一年陈介石讲授的中国哲学史，另一年的中国哲学史课程则是由陈汉章讲授的。

陈介石、陈汉章都以博学见长。就以传统的学术方法研究中国传统文化而言，陈介石、陈汉章在学术方面都已经达到了很高的境界。后来的中国学术界，像陈汉章那样把中国主要的传统文化典籍"读得烂熟"者，并不是很多。冯友兰进入北京大学中国哲学门，能得到陈介石、陈汉章这样的教员的指点，也算是一种机遇。由陈介石、陈汉章这类在中国传统文化方面造诣很高的学者，把冯友兰引进中国哲学领域，对于冯友兰后来的学术生涯影响很大。冯友兰一生中，始终不曾放弃和停止过对中国哲学的思考。这种学术工作的重要前提，是具备深厚的中国传统文化方面的学术素养，掌握丰富的中国哲学史知识。冯友兰学术活动的这种主观条件的形成，都得益于陈介石、陈汉章对他的引导。

陈介石、陈汉章一类学者的学问，以博学见长，但他们在学术方面的创发十分有限，尤其是他们对于当时的新学或说西学的了解都十分肤浅。所以，冯友兰晚年忆及自己在北京大学的学习生活时，虽然一再表达自己对陈介石一类学者的崇敬之情，但同时也流露过对陈介石这类教授工作的不满。这种不满，一是因为教员没有能力勾勒完整的中国哲学发展的历史线索，清理中国哲学家的思想系统；二是因为教员的知识结构老化，对于哲学的理解仍囿于传统，不能融会西方现代的学术观念，吸纳西方的学术方法。

正当冯友兰一类学子向往新的学习方法的时候，胡适开始进入北京大学讲授中国哲学史。胡适受聘到北京大学讲授中国哲学史时，冯友兰已经是大三的学生，他并没有选胡适的课。但是，胡适运用西方的学术观念和学术方法，考证中国哲学的历史发展，辨析哲学家生卒年月的正误，论定中国传统哲学典籍的真伪，力图理清中国哲学发展的历史线索和思想脉络，在北大学生中引起了强烈的反响。

胡适的中国哲学史课程之所以反响强烈，并最终为北大学生们所接受，根本原因，即在于胡适在他的中国哲学史课程中，运用了近代西方的学术方法，使中国哲学史课程开始具备现代学术的品格。胡适对中国哲学发展历史的评断，实际上包含了当时北大学生想表达而又不知道怎样表达的内容。因此，冯友兰晚年仍然肯定胡适当年研究中国哲学史的方法，认为这种方法当年曾使人觉得"精神为之一爽"。

胡适对于冯友兰的影响，本质上是学术方法的影响。就受到这种影响而言，可以说冯友兰已初窥西方学术的端倪，开始接触高层面的西方文化。与此同时，冯友兰从陈大齐所开设的哲学概念这门课程中，也得到了一些具体的西方哲学知识。当然，限于当年北京大学的条件，冯友兰在北京大学对西方文化的了解，特别是对西方哲学的了解，还相当有限。但不论怎样，正是在北京大学中国哲学门的学习，使冯友兰开始接触高层面的中西文化，踏入了学问的天地，为他后来毕生从事哲学和哲学史研究工作，奠定了学识方面的基础。

第3章

哥伦比亚大学研究院

初 抵 纽 约

冯友兰离开北京大学以后，在开封除了教学工作和参与传播新文化的活动以外，仍然不能放弃深入学习西方哲学的愿望。工作之余，他时时留意出国深造的机会，随时准备参加出国留学生的考试。皇天不负苦心人，冯友兰终于获得了一次由河南公派留学的机会。

民国初年，河南地方政府办有一所留学欧美预备学校。这所学校招收的学生毕业之后，可以由河南公派到欧美留学。后来，河南地方政府在选派留学欧美预备学校的毕业生出国留学的同时，又在各地公开招考同等数额的学生公派出国学习，以示公平。冯友兰的弟弟冯景兰即属于后一种河南官费资助出国的留学生。1919年，河南官费留学人员的计划中，有一个名额被定为哲学。1919年5月，冯友兰在河南初试合格，于6月份来到北京，参加教育部主持的出国留学人员的复试，结果也获得了成功。

学习西方哲学是冯友兰在中国公学学习时即已确立的学习志向。但冯友兰决定去美国进哥伦比亚大学学习哲学，仍经过了一番考量。1919年6月，冯友兰到北京参加教育部主持的出国人员复试，曾经回到北京大学，并访问过《新潮》杂志社。当时，冯友兰的本意是要去面见陈嘉蔼，和陈氏讨论其所写《因明浅说》一文中的学术观点，因为冯友兰对陈氏的学术观点持异议。陈嘉蔼1918年进入北京大学哲学门学习，1920年以文科哲学门第一名的优异成绩毕业于北京大学，是哲学门的高才生。

1919年，冯友兰回到北大，探访陈嘉蔼未遇，后来见到了傅斯年。此时，傅斯年已经完成了在北京大学国文门的学业，计划利用山东官费出国留学，也通过了教育部的考试。傅斯年曾邀约冯友兰一起去欧洲学习。冯友兰因为弟弟已经在美国学习，仍决定到美国去。傅斯年后来赴欧洲，先入英国伦敦大学文学院学习，后来又进入德国柏林大学文学院学习，直到1926年才学成归国。

冯友兰决定去美国以后，为了选择一所理想的大学，曾经请教胡适。胡适向冯友兰介绍过美国哈佛大学的哲学系，也介绍过美国哥伦比亚大学哲学系。胡适认为，美国的哈佛大学哲学系和哥伦比亚大学哲学系都是有名的学系，但是哈佛的哲学是旧的，哥伦比亚大学的哲学是新的。他本人就是在哥伦比亚大学学的新哲学。胡适的这种介绍，实际上是劝冯友兰进哥伦比亚大学学习西方哲学。

冯友兰当年赴美国留学的时候，中国学者对于欧美哲学界的情况还知之不多。就西方文化传入中国的时间而言，虽可上溯到明末清初，但那时候传入中国的西方文化，大都为自然科学和社会科学之类，哲学的内容很少。戊戌变法前后，人们开始注意西方哲学。但这一时期在中国传播西方哲学者，除严复之外，像梁启超、王国维一类人物，并没有亲身体验西方文明的经历。而且，梁启超一类人物传介西方哲学，往往同自己的政治主张紧密联系，传介内容多限于对西方近代物质文明发展有直接影响的培根哲学、笛卡儿哲学，王国维介绍的则主要是叔本华哲学和尼采哲学。

1904 年前后，马君武、梁启超等人开始介绍黑格尔哲学和康德哲学，但内容也十分肤浅，谈不上对德国古典哲学的深入研究。对康德哲学的深入研究和系统传介，实际上开始于五四运动以后。张铭鼎《康德批判哲学之形式说》，吕澈的《康德美学思想》等较系统的康德哲学研究成果，大都出现在20世纪的20年代。1924年，张颐进入北京大学哲学系讲授西方哲学，在黑格尔哲学传介方面，做过许多有益的工作。此时，冯友兰已离开北京大学多年了。因此，冯友兰出国前，要了解美国哲学界的情况，除了请教胡适，再没有更合适的人选。

胡适虽然是哥伦比亚大学的哲学博士，对于当时美国哲学的发展，实际上并没有深入的了解。因为，胡适治学，重心并非哲学。但是，当时胡适介绍的美国哲学界情况，对于冯友兰选择哥伦比亚大学是有重要影响的。因为，不论怎么说，胡适有过在美国留学的经历，而且回国之后，在中国学术界的影响越来越大，地位越来越高。加上冯友兰决定去美国这一年，由胡适、陶行知等人邀请，杜威已来华讲学。为配合老师来华讲学，胡适从1919年4月开始在《新青年》上介绍杜威的实用主义。这些也使冯友兰不能不认同胡适对美国哲学界情况的分析和评断。当时，美国实用主义哲学的代表人物确实都任教于哥伦比亚大学。而在欧美哲学的发展中，实用主义在当时也是一种比较新颖的哲学理论形态。

择定学校以后，冯友兰于1919年9月离开家乡，前往美国哥伦比亚大学留学。但在上海等船停留了一段时间，直到1919年12月才乘船抵达美国。哥伦比亚大学创办于

1754年，原名为国王学院，1912年定名为哥伦比亚大学。办学特点是不拘泥于传统，学科建设方面，以自然科学、商业、历史、行政管理和航行等学科见长。但就人文传统而言，哥伦比亚大学实际上不及哈佛大学深厚。哈佛大学初创时期获教会支持，在学科方面，始终注意人文学科的建设。但冯友兰进入哥伦比亚大学学习的时候，杜威已经在这所学校任教多年（杜威1904年即进入哥伦比亚大学任教）。同时，当时美国新实在论的代表人物蒙太格也在该校任教。可以说，哥伦比亚大学在20世纪20年代，集中了美国现代哲学中的一些主要代表人物。这种状况，使得中国赴美的留学生中，除冯友兰之外，还有一些人相继进入哥伦比亚大学学习哲学。

冯友兰初到美国，一切都觉得十分新奇。这种新奇，是一个长期浸染在中国固有传统学术文化氛围中的青年知识分子，初次亲身感受西方社会文化时特有的心灵反应。冯友兰到美国之后，曾经把自己的这种感受记述下来，写成《中国的官气与美国的商气》一文，刊发在河南留美学会主办的《河南留美学生年报》1920年第一期上。在这篇文章中，冯友兰把他感受的美国社会文化风尚的特点概括为"商气"，而把当时中国社会的文化风尚概括为"官气"。冯友兰晚年忆及自己当年初到美国的感受时，更是认定当时的美国为"商国"，而视当时的中国为"官国"。在冯友兰看来，中国是一个长期认同"君子喻于义，小人喻于利"的国度。因此，人们崇尚道德价值，漠视商业活动，在金钱方面，中国人往往是"有孔不入"；而在美国，社会生活的方方面面，无不充满商业气息。人们为了金钱、利益，常常是"无孔不入"，极有心计。

在政治生活方面，当时美国的资产阶级民主已经形成制度。这个制度虽然有一个完善发展的过程，但在这个过程中，资产阶级的民主原则始终在起作用，政治活动的形式有所变化，而实质内容则无改变。冯友兰将这种情况谓之"换药不换汤"。当时中国的社会政治活动，只是学习西方资产阶级民主政治的形式，实质上仍然在延续封建主义的官本位制度。冯友兰将这种情况谓之"换汤不换药"。在冯友兰看来，当时美国社会与中国社会的差别，表面是不同社会制度的差别，实质上是两种文化的差别。

冯友兰赴美留学之时，由于西方人文社会科学认识成果的大量传介，中国的文化学术领域正经受西方文化思潮新的冲击。清末以来，不少人认为西方文化的长处在物质文明，在科学技术，至于精神文明层面的文化成果，并非西方民族所长；有人甚至认为，西方文明的认识成果，中国早已有之。事实证明，这些观念并不正确。冯友兰到了美国以后，更是亲身感受到，在美国，与其发达的物质文明相适应，也有其精神文明。人们的物质生活与精神生活的结合，才构成美国人生活的全部。

这种感受，使冯友兰对河南当时选派留学生时，对文科学生的限制仍然耿耿于怀。他认为中国选送出国留学的学生，重理工而轻人文社会科学的做法是不妥当的。因为，在现代社会生活中，物质文明与精神文明实际上居于同等重要的地位。因此，他建议改革国内选派留学生的方法，克服重理工轻人文的现象。这种建议，实际上表达了他对于社会文化问题的一种理解。这种物质文明与精神文明并重，西方的物质文明和其精神文明关联的文化观念，也显露出一些冯友兰思考文化问题的思想路数和特征。从这种观念中，我们可以看到在文化问题上，冯友兰既不认同清末开始流行的"中体西用"说；也不认同西方文化长于物质文明，中国文化长于精神文明，或者西方的物质文明优于东方，东方的精神文明优于西方的文化观念。冯友兰初到美国，对于中西文化问题还没有系统深入地思考，但其主张理工与人文并重的观念，已为他后来思考中西文化问题奠定了思想前提和认识基础。

冯友兰初抵美国，正值梁启超游欧归国之时，国内学术界对于东西方文化的价值正酝酿新的评断与估价。梁启超漫游欧洲，正是第一次世界大战之后。梁启超对欧洲思想文化的体悟更加真切，但战争也使梁启超对西方文明有了新的认识。梁启超认为，西方物质文明的高度发展，使欧洲各国在战争中均遭受了毁灭性的破坏，结果社会萧条，民生凋敝；崇尚科学理性，使价值理性失落，精神家园破产，人们失去了安身立命之地。

因此，梁启超回到国内后，告诉国人："大海对岸那边有好几万人愁着物质文明破产，哀哀欲绝地喊救命。"喊谁"救命"呢？在梁启超看来，当然是东方文化。因为，其时西方也有人希望由东方的文明去拯救西方的文明。梁启超的这种认识，为当时中国一些力主东方文化长于西方文化的人们，提供了一个重要的佐证和依据，使得在文化理论方面，高举东方文化旗帜的东方文化派更趋活跃。冯友兰身在美国，对西方文明的具体感受自然不同。他虽然主张文理并重，认为一个社会需要物质文明与精神文明并建才能维系健全的社会生活，但他并没有轻视西方的物质文明，力主高扬东方文化。冯友兰后来思考中西文化问题，在方法和观念方面同东方文化派也始终保持着一定的距离。

冯友兰来到美国留学的时候，北京大学几位在五四运动中较有影响的学生也来到美国留学。这几位北大学生是：罗家伦、康白情、周炳琳、段锡朋、汪敬熙。这几位北大学生（特别是罗家伦）是五四运动中的学生领袖，出国学习时由蔡元培先生推荐，学习费用则由穆藕初资助（依据冯友兰的回忆，穆藕初资助的这批北大学生中实际上还要加上孟寿椿）。罗家伦等人到美国的时间大约是在 1920 年秋天。因为，罗家伦进入北京大学本科学习的时间是 1917 年，比傅斯年晚一年，比冯友兰晚两年。罗家伦等人留学美国，对国内教育界影响甚巨，时人戏称为北大"五大臣留洋"。罗家伦到美国以后，进入普林斯顿大学研究院学习，段锡朋与周炳琳则来到了冯友兰所在的哥伦比亚大学研究院。

冯友兰在美国留学期间，与罗家伦等北大同学交往甚多。冯友兰曾说，罗家伦在普林斯顿大学学习期间，一有空就到纽约来和同学们聚会。冯友兰在北大生活期间和在美国留学期间，交往的这批北大学生，后来都是旧中国教育界和学术界的著名人物。特别是傅斯年和罗家伦，二人学成归国以后，都是旧中国教育界和学术界具有重要影响的人物。罗家伦在旧中国先后担任过清华大学校长和中央大学校长，傅斯年则长期在旧中国中央研究院工作，并曾代理过北京大学校长。傅斯年去台湾后担任台湾大学校长。1950 年傅斯年病逝后，还曾传言由罗家伦接替台大校长职务。由此可见傅斯年、罗家伦在中国教育界和学术界的地位和影响。

冯友兰与傅斯年、罗家伦的交往密切。当年冯友兰在北京大学时，《新潮》杂志还不曾问世。由于冯友兰与傅斯年、罗家伦先后出国留学，联系密切，后来由罗家伦推荐，1920年4月，北京大学新潮社还在《新潮》登载"本社特别启事"，接纳冯友兰为新潮社成员。冯友兰与傅斯年、罗家伦等人的交往，为他后来的学术活动创造了一个重要条件。可以说，傅斯年、罗家伦、冯友兰等北大同学之间的相互提携，构成了这批五四前后从北大毕业的学生，在旧中国的学术领域中各有建树的一个重要原因。

冯友兰进入哥伦比亚大学以后，曾安排时间专门补修英文。冯友兰在上海中国公学时，英文已有一定基础。进入北京大学后，专业方向虽转向了中国哲学，并未放弃英文学习，就一般阅读而言，问题应当不大。但是，冯友兰来到美国，英文成了学习和生活中的常用语言，要应对这样的语言环境需要一个适应过程。

像冯友兰这类留学生，自认为学力方面不足，所以他们在学业方面异常勤奋。在五四前后出国的留学生中，为学问而苦读的代表人物，大概首推陈寅恪。陈寅恪生于1890年，比冯友兰年长五岁。陈寅恪一生中，多次出国留学。冯友兰1919年底进入美国哥伦比亚大学的时候，陈寅恪正在美国哈佛大学学习。陈寅恪1918年冬进入哈佛大学，学习了三年，后来又进入德国柏林大学研究院学习。在中国留学生中，陈寅恪属于那种只为学问，不计名利的苦学者。陈寅恪1922年前后到德国学习时，傅斯年也正在德国学习。傅斯年曾经认为，陈寅恪是当时留德学生中"最有希望的读书种子"。其实傅斯年自己也是和陈寅恪同一类型的人物。当年在柏林大学时，傅斯年和陈寅恪都因面壁苦读，心无旁骛，而被人称之为"宁国府大门前的一对石狮子"。陈寅恪出国苦学多年，不计较任何学位，完全是为了追求知识，后来终于成为近现代中国最为博学的学者。

陈寅恪学成归国之后，也曾长期在清华大学任教，与冯友兰共事多年，对冯友兰的学术研究成就多有肯定。当年冯友兰的《中国哲学史》列入《清华大学丛书》出版时，陈寅恪为该书的审读者之一，并为促成冯友兰著作的出版撰写过审查报告。陈寅恪当年进入美国哈佛大学学习后不久，冯友兰即进入哥伦比亚大学学习。陈寅恪在哈佛大学时，不事交游，专门研探冷僻的学问，其人其事，在中国留学生中流传甚广。冯友兰虽然心仪其人，感佩其学，但在美国留学期间未曾与陈寅恪谋面。

冯友兰进入哥伦比亚大学，就其学习的动机而言，与陈寅恪式的留学生似有不同。冯友兰留学美国，力图兼顾国家的需要和个人对学问的追求。出国时，他为了与《心声》杂志社同人告别，曾写下《留别同社诸君》：

我便要泛舟太平洋，

适彼岸，共和邦；

也是想贩些食物，

救这饥荒。

我们既认清这条路，

便行去，不可懈怠，无须思量。

我们既把他养活这么大，

纵千辛万苦，也莫使中途夭殇。

我殷勤留语：

我们的努力，他的安康。

诗中所说虽然在爱护《心声》杂志这朵学术之花，但冯友兰所谓"贩些食物""救这饥荒"，本意还是指要学习和传介西方的学术文化，解决中国人所面临的文化矛盾，挽救民族文化的危机。这是冯友兰将自己的留学活动同国家民族的需要联系起来的具体表征。

同时，冯友兰也不否认来美国求学，是为了自己学识的进步和学业的成功。初到美国时，他在日记中说："几年来日记时记时辍，犹可诿曰人事牵掣也。今离父母，别妻子，远来此异邦，为求学也，宜勇猛精进，艰苦卓绝，持之以恒。此本日记即为练习有恒之心之一端，此本日记若记不完，非人也。"这段话即表达了他的这种心情。出于这种学习动机，冯友兰对自己 1919 年 9 月离开开封后，直到 1920 年初才进入哥伦比亚大学正式注册学习而不满。当时，冯友兰同北大同学杨振声一起到哥伦比亚大学正式注册以后，曾经写下这样的日记："离家将半年，到今始能入学，可叹。"这些文字，应该是冯友兰当时心境的写照。

冯友兰初到美国时，对自己学习状况的不满转化成了他刻苦学习的动力。他进入哥伦比亚大学之后，仍注意进修英文。1920 年 5 月，冯友兰看望弟弟景兰以后，即前往科罗拉多州立暑期学校进修英文、德文。经过苦心学习，他的英文大有进步。1921 年，冯友兰曾同杨振声、周炳琳等人协助日本人小畑薰良将李白的诗翻译成英文，出版英文版的《李白诗集》。语言能力的提高，使冯友兰在专业学习方面也开始获得更大的自由。

对于学位问题，冯友兰也有自己的明确目标。他的目标是要拿一个博士学位。在冯友兰的理解中，学位并非一个名利问题；学位的不同，实际上体现了学校在专业学习方面对学生不同层次的要求。他曾说："在中国留学生中，大部分还是好好学习的，但是对于学位的态度很有不同。有些人不要学位，随便选课。有些人认为，只要个硕士学位就够了。因为要想得到博士学位，就要选一些学校要求选而实际上没有多大用处的功课……所以很多留学生，只要得一个硕士就够了。我是想要得个博士。我的想法是，学校所规定的那些要求，就是一个学习方案，它所以那样规定，总有一个道理。照着那个方案学习，总比没有计划，随便乱抓，要好一点。"

初到美国，冯友兰即有一个明确的学习目标，同时又能够意识到自己学力方面的不足，并将这些转化为自己留学生活的动力，这是他当年在哥伦比亚大学研究院学业获得成功的一个重要原因。

神交柏格森

冯友兰从 1920 年 2 月开始，在哥伦比亚大学正式选课学习。学校起初让他所选修课程为生物学、历史学、科学要义、现代诗之类。冯友兰赴美留学前，已经在国内接受过正规的中学教育和大学本科教育，加上他从小在家塾中受到过良好的中国传统文化的熏陶，在学问方面已经具备了相当坚实的根底，他之所以决意赴美留学，一个重要原因，就是要求个人在学问方面的进步，更深入地学习西方哲学，系统地了解西方的学术文化。因此，哥伦比亚大学开始让冯友兰所选的课程，使他深感失望。冯友兰认定这些课程多浮浅普通，"非我所宜"，决定改修其他课程。这些课程中包括形上学、美学、哲学史、欧洲思想史等。选修这些同哲学关联的课程，正是冯友兰出国留学的本意和追求。应当说，冯友兰在哥伦比亚大学选修形上学和哲学史等课程，是他系统地了解西方哲学和西方文化的开始。

冯友兰一辈学者接受教育，小时候就是从研读经典原著开始的。在家塾时代，他们所接触的教科书多为左、孟、庄、骚之类的原著。他们对中国传统文化的了解，源于他们对代表中国传统文化的经典的解读，而不是仅仅依凭一般教科书对中国传统文化的评介。这种接受教育的方式，使冯友兰在哥伦比亚大学的学习，也不是停留在研读教科书式的读物这种层面上，而是十分注意研读真正代表和体现西方学术传统和文化精神的经典著作。

在哥伦比亚大学，冯友兰先后阅读过杜威的《思维术》、培根的《培根文集》、罗素的《神秘主义与逻辑》、笛卡儿的《方法论》、卢梭的《民约论》、罗伊斯的《现代哲学的精神》、费希特的《人之职业》、柏格森的《形上学》、洛克的《人类理智论》、贝克莱的《人类知识原理》、杜威的《德国的政治与哲学》、詹姆士的《实用主义》、伍德里奇的《历史的意志》、摩尔根的《进化论批判》等。此外，冯友兰也研读过休谟、柏拉图、康德以及桑塔延纳的著作。冯友兰在哥伦比亚大学的读书情况表明，他后来对西方哲学和西方文化的了解，也主要来源于他对代表西方文化传统的经典著作的研读与理解。由于冯友兰关于中国传统文化的知识和对于西方学术文化的理解，主要是通过研读经典原著的途径形成的，这使得冯友兰后来思考中西文化问题时，很少人云亦云。他总是追求在人们已有认识成果的基础上，形成带有综合性质的认识和结论，显示出自己的思考，与一般的文化问题研探者在认知层面上有所不同。

冯友兰在北京大学学习期间，专业方向虽然是中国哲学，但在哲学理论方面已经具有相当的基础；进入哥伦比亚大学研究院以后，由于对西方哲学的了解逐步深入，又开始对西方哲学进行分疏、辨析和评断，以及在分疏辨析基础上的吸纳与认同。冯友兰后来论及自己在哥伦比亚大学的这种学习情形时，曾说哥伦比亚大学的"教授中间有实用主义者，也有新实在主义者，我的哲学思想也就是在这两派中间，倒过来倒过去"。所谓"倒过来倒过去"，说明冯友兰当时对于西方哲学的价值已开始思考。

冯友兰初进哥伦比亚大学研究院的时候，杜威并不在这所大学。因为杜威于1919年4月在日本讲学之后，来到中国讲学，在中国滞留了两年多时间，直到1921年7月才返回哥伦比亚大学。杜威在中国讲学的内容，后来被记录整理成《杜威五大演讲》，内容包括《社会哲学与政治哲学》《教育哲学》《思想之派别》《现代的三个哲学家》《伦理讲演记略》等。杜威在中国通过这些演讲，系统地传介了他的实用主义哲学；加之杜威的哲学得到了胡适、陶行知、梁启超等在中国学术界举足轻重的学者们的支持与提倡，曾经在20世纪20年代初叶的中国广为流传，盛极一时。冯友兰赴美留学期间，和国内亲朋友人联系甚多，不可能不知道杜威在国内讲学的盛况，这对冯友兰的学习似乎也产生了一定的影响。冯友兰在哥伦比亚大学研读西方哲学原著，即从杜威的《思维术》开始。蔡仲德先生所编《冯友兰先生年谱初编》中曾说：冯友兰1920年2月14日"看《培根文集》。又看《心理学》，日记云：'见所讲 Lcarning 发达之程序与杜威 How we think 中所说思想如出一手，真叹杜威之哲学为科学的哲学，必要盛行，可无疑义'"。从这个评断中，可见当时冯友兰倾服杜威实用主义哲学的情形。

杜威1921年7月离开中国，仍然回到哥伦比亚大学任教，直到1929年退休。他在中国讲学期间，不仅在生活方面和工作方面得到过胡适的热情帮助，而且耳闻目睹了胡适这位哥伦比亚大学的博士生在中国学术界的声望与影响。胡适1917年从哥伦比亚大学毕业的时候，虽然参加过博士学位课程的考试，但考试未被通过。这使得这位被蔡元培先生特意聘定为北京大学教授的胡适博士，实际上并没有获得博士学位。胡适的博士学位是后来由哥伦比亚大学补发的，这时候胡适离开哥伦比亚大学已经十年了。胡适博士学位的补发，与杜威来华讲学期间对胡适的进一步了解大概有一定关系。

杜威耳闻目睹胡适在中国学术界的影响，也使他对中国留学生产生了较好的印象。回到哥伦比亚大学以后，杜威对冯友兰也十分关照。在冯友兰因为国内留学费用不能按时寄往美国，生活出现困难的时候，杜威曾写信向学校推荐，帮助冯友兰申请哥伦比亚大学的奖学金。后来，虽然由于申请书递交时间太晚，冯友兰未能获得哥伦比亚大学的奖学金，但杜威在向学校推荐时，对冯友兰的学者气质作出了相当高的评价，认为"这个学生是一个真正学者的材料"。

冯友兰在哥伦比亚大学时，佩服杜威及其哲学，但并没有完全信奉杜威的实用主义。他对于蒙太格所主张的新实在论哲学也采取了类似的态度。他对杜威的实用主义和蒙太格的新实在论哲学之所以采取这种态度，原因是他进入哥伦比亚大学以后的一段时间内，喜欢上了柏格森的生命哲学。生命哲学是近代西方哲学思潮中的一个重要派别，流行于19世纪末20世纪上半叶的德国、法国等地。这种哲学思潮早期的代表人物是德国的狄尔泰和齐美尔。作为一种哲学思潮，生命哲学的基本观念是将生命理解为一种最真实、最直接的实在，把生命视为一种不受任何条件制约的创造力量，并把生命理解为一个依靠直觉体悟的领域。

法国哲学家柏格森是生命哲学思潮中最具影响力的代表人物之一。柏格森 1920 年至 1924 年在法国的法兰西学院任教时，正值冯友兰进入哥伦比亚大学学习。柏格森在法兰西学院出色的教学工作，使他的哲学理论在学术界引起了巨大的反响。柏格森哲学将"绵延""生命冲动"作为最基本的哲学范畴，将"绵延""生命冲动"等同于"自我"。在柏格森看来，"绵延"是"自我"的"绵延"，而"生命冲动"是"自我"作为生命的活动。在这样的认识基础上，柏格森将"生命冲动"看作实体性的存在，并且认定"生命冲动"不只是人的"自我"，而是派生一切事物的实在。

柏格森在理论上不像其他生命哲学的代表人物那样强烈地排拒理性和科学，而是主张把以直觉的方法建构起来的哲学，作为科学认识的前提和基础。柏格森的这些观念，给人以超越科学与哲学的对立，理性与直觉的对立的印象。加之柏格森本人在自然科学方面也有深厚的学养和较高的成就，这使得柏格森哲学对于 20 世纪初期的科学界和哲学界都产生了重大的影响。冯友兰进入哥伦比亚大学以后的一段时间内，推重和欣赏柏格森哲学，则主要同他当时关注中国国内形势，追求对中西文化矛盾的认识和理解有关。

冯友兰在哥伦比亚大学的第一年，即 1920 年，中国国内政治领域发生了两件大事：其一是这年 1 月，上海社会各界群众要求解决"山东问题"，举行大游行；其二是这年 4 月，以曹锟为代表的直系军事势力与张作霖为代表的奉系军事势力，组成反皖八省联盟，段祺瑞于 7 月下令攻击直奉联军，致使曹锟、张作霖联名通电全国，讨伐段祺瑞为代表的皖系军事势力，爆发直皖战争。结果，段祺瑞由于军事失利，被迫下台，直、奉军事势力控制了北洋政府。当时的中国，国力贫弱，在国际上不断丧权受辱，国内政局又因内战而动荡不安，使得许多爱国人士忧心忡忡。冯友兰虽然身在异邦，但仍然心系祖国。这年 3 月 11 日，冯友兰在日记中写道："今日看报，见云中国大乱，心中不宁，看书不入。"冯友兰赴美留学，不无个人在学业上求发展的目的与意愿，但是，个人学业上的发展，实际上离不开国家民族的生存与发展。国将不国，何言个人学业？冯友兰"见云中国大乱"，便"心中不宁，看书不入"，可见这两者是内在地关联在一起的。

　　我们从冯友兰在美国的另一则日记中，也可以看到他对国事的关切。1920 年 3 月 20 日，冯友兰偕杨振声一起去参观希腊政府举办的一个展览会，事后他在日记中说："此为希腊政府所开，自巴黎移此者。他人皆知为自己国家登广告，中国何如?"自己的国家和民族无力在世界上自强自立，也无力向其他国家和民族展示自己，冯友兰当然无法释怀。但是，当时的冯友兰毕竟只是一位学子，他忧心国事，除了从文化的角度进行一些探索与思考之外，别无他途。因此，冯友兰来到美国后，总是将个人的学习同对于民族文化发展的思考结合在一起。

在这种思考中，由于他亲身体验了美国社会的现实生活，无法简单地认同国内将西方文明理解为物质文明，或说动的文明，把东方文明理解为精神文明，或说静的文明，进而认定以主静为特征的东方文明，在本质上高于以主动为特征的西方文明的观念。但冯友兰也没有轻易地否定自己的民族文化，丢弃自己的民族文化传统。他要通过自己对西方文化的了解，寻找新的途径和视角，重新诠释自己的民族文化，评估自己的民族文化传统。这样的追求，使冯友兰进入哥伦比亚大学以后，将眼光投向了柏格森哲学。因为，在冯友兰看来，柏格森哲学在当时的西方哲学思潮中，不仅"是一种以生物学为根据的'新哲学'"，而且确切地说出了东西文化不同之所在。

对柏格森哲学的喜爱与欣赏，使冯友兰结合阅读柏氏著作，先后写成了《柏格森的哲学方法》和《评柏格森的〈心力〉》。前文发表于1921年的《新潮》三卷一期，后文发表于 1922 年的《新潮》三卷二期。柏格森的《心力》是一部文集。冯友兰在《评柏格森的〈心力〉》一文中，对柏氏收入《心力》一书中的七篇文章都进行了具体的评介。他特别欣赏柏格森 1913 年 5 月 28 日在伦敦心灵研究会上的一篇讲演。他认为柏格森的这篇讲演，不仅论及了"心灵沟通"，更为重要的是柏氏在讲演中说："西洋的学问，是从'物质'下手的。所以到现在才有心灵研究会。假使要有一个地方，从来没有跟欧洲交通过，而其学问，是从'心'下手的；恐怕见了汽船、火车，要大惊小怪，而要设一个物质研究会呢。研究物质，非精密不可，所以西洋人得了一个精密之习惯。从'心'下手研究的人民，一定不知道什么是精密确定，不知道或然，不能，与确然，必然，之分别。"这种讲法实际上指出了东方学问与西方学问思想进路的不同，很有研究的价值。从这里可以看到，冯友兰认同柏格森哲学，是因为他认为从柏格森哲学中，可以找到一种东方文化不可能被轻易否定的根据。

其实，早在冯友兰赴美国留学之前，中国学术界已经有学者评介柏格森哲学。1918 年 2 月出版的《新青年》杂志，即刊发过刘叔雅的《柏格森之哲学》，而刘叔雅尚不是最先在中国评介柏格森哲学的学者。五四运动爆发以后，人们强烈希望了解西方的学术文化，加上杜威来华讲学的影响，以及李石岑、张君劢、蔡元培、梁漱溟、吕澂、张东荪等学者的传介工作，柏格森哲学被系统地传介到了中国。在传介柏格森哲学的活动中，张东荪用力最勤。柏格森的《创化论》《物质与记忆》等主要哲学著作即是由张东荪译介到中国来的。但在传介柏格森哲学的学者中，深入研探过柏格森哲学的学者为数并不多。有的学者译介柏格森哲学，就像贺麟曾经说过的梁启超"用他不十分懂得的佛学去解释他更不甚懂得的康德"一样，也存在"稗贩、破碎、笼统、浮浅、错误诸弊"。冯友兰在哥伦比亚大学写作《柏格森的哲学方法》《评柏格森的〈心力〉》等文章，一方面是因为自己欣赏柏格森哲学，认为柏格森的哲学观点可以为自己思考文化问题所借鉴，另一方面也是因为他认定自己的工作，会有助于人们更正确地理解柏格森哲学。

在《柏格森的哲学方法》一文的附记中，冯友兰曾经说过："此文本今年暑假中所作，后见中国谈柏格森的很多，其著作又都将译过来，我就把此文搁起来了。但是我觉得国人的西洋思想史的知识，有点差池；此文前段有论智识主义的一段，似乎可以对于国内研究柏格森的人，多少有点贡献。所以我趁年假的几天空闲，把他整理出来，寄回发表。"现在看来，冯友兰的《柏格森的哲学方法》，在20世纪20年代的中国学术界，确属于较有理论深度的柏格森哲学研究成果。因为，冯友兰对柏格森哲学的评断，是以他对柏格森哲学的深入了解和研究为基础的。尽管这一认识成果所涉及的范围，只限于柏格森的哲学方法，但对于当时人们正确地了解柏格森哲学仍然是有帮助的。这大概也是后来学术界认定冯友兰为五四以后，在中国传介柏格森哲学的重要学者之一的原因。

冯友兰进入美国哥伦比亚大学研究院以后的一段时间内，由欣赏柏格森哲学而研究柏格森哲学，传介柏格森哲学，这种学习情形表明，当时冯友兰正努力寻求一种在文化理念方面，能够与东方文化观念契合的西方哲学思想，而柏格森哲学刚好适应了冯友兰当时在思想理论方面的这种要求。应当肯定，从当时的情形来看，柏格森哲学实际上使冯友兰坚定了在中西文化比较的视野之内，重新诠释和解读自己民族文化传统的信念。

但是，在冯友兰后来的哲学活动中，柏格森哲学并没有成为他主要利用的西方文化资源。反倒是熊十力、梁漱溟一类学者，从不同的层面吸纳柏格森哲学，使柏格森哲学中的"绵延""生命""直觉"等哲学观念转换成了其思想体系中的重要范畴。而熊十力、梁漱溟一类思想家，在最基本的哲学理念上，同冯友兰却是对立的。这在五四以后的中国学术界，是一种十分有趣而又值得关注的文化现象。

拜访泰戈尔

冯友兰进入美国哥伦比亚大学研究院以后，为了在思想理念方面寻找契合东方文化观念的西方学者和思想，曾在一段时间内认同柏格森的生命哲学；与此同时，他仍然时刻关注国内学者乃至东方学者对于东西文化异同的认识和理解。就在冯友兰写成《柏格森的哲学方法》一文之后，他得到了一次探访印度学者罗宾德拉纳特·泰戈尔的机会。

罗宾德拉纳特·泰戈尔（1861—1941），出生于一个印度望族家庭，属婆罗门种姓，曾在英国学习法律，后回国从事学术文化活动和社会活动。泰戈尔一生在文学和哲学以及音乐、美术方面均取得了很高的成就。在文学方面，泰戈尔因其诗集《吉檀迦利》于1913年获得诺贝尔文学奖（《吉檀迦利》曾由谢冰心译介到中国）；在哲学方面，泰戈尔写成了《生命的亲证》《创造的统一》《人的宗教》《论人格》等重要著作，主张"普遍的和谐"。泰戈尔尊重中国文化，同情中国人民自步入近代以来所遭受的民族苦难。他曾以"射向中国的武力之箭"为题，写成组诗，鞭挞日本法西斯的伪善及其对中国人民犯下的暴行：

我读过的一份日本报纸，描写日本士兵在佛教寺庙举行祭祀，祈祷战斗胜利。他们对中国射武力之箭，而对佛陀射出的是虔诚之矢。

…………

他们将用刺刀挑起惊天骇地、撕心裂胆的惨叫，斩断千家万户爱情的纽带，把太阳旗插在夷平的村庄的废墟上。

…………

他们将计算他们枪口下死伤的人数；听着屠杀成千上万平民的报告，敲打胜利的锣鼓；用遍地儿童、妇女血肉模糊的尸体，招引鬼魅的狞笑。

泰戈尔以诗人的语言，对日本帝国主义的残暴与伪善的揭露生动而又形象，可谓入木三分；这些诗句，中国人民至今仍然记忆犹新，并由此而对这位印度诗人心怀敬佩之情。

泰戈尔也是一位热心向西方传介印度文化，并将西方文化传入印度的学者，他对于东西方文化的异同，以及两者的价值都有自己的看法与理解。泰戈尔访问美国，时在 1920 年。这一年 11 月 30 日，冯友兰在纽约一家旅馆中探访了泰戈尔。

冯友兰在五四运动之后不久来美国留学，这使得他到美国以后，常常自觉地将异国事物同中国的情形联系起来进行比较。他曾说："我自从到美国以来，看见一个外国事物，总好拿来同中国的比较一下。起头不过是拿具体的、个体的事物比较，后来渐及于抽象的、普通的事物；最后这些比较结晶为一大问题，就是东西洋文明的比较。"见到泰戈尔，冯友兰坦陈过自己的这种文化心态。其实，冯友兰的这种文化心态，并不是他个人特有的文化心态，而是当时全中国人民，特别是当时的中国知识分子所共同具有的一种文化心态。人们留意东西方文化的比较，目的在于改造自己的民族文化，改造自己的社会组织，使自己的民族和文化都能够随着时代的变化而发展和进步。冯友兰将人们力求改造自己的民族文化，改造自己的社会组织的目的，归结为"以适应现在的世界"。而"适应现在的世界"，也可以说是解决东西文化之间存在的冲突与矛盾。

冯友兰的这种文化观念，为泰戈尔所认同。印度文明与中国文明虽有不同，但作为东方文化，印度文化也存在着与西方文化的矛盾，并且在这种矛盾中，也居于被动、落后的地位，印度民族也正在经受西方帝国主义势力的侵略。因此，泰戈尔认为，改造自己的民族文化，使之适应现代文化的发展，对于东方民族而言，不仅是自然而然的时代要求，而且是必须付诸实践的现实课题。在泰戈尔看来，"西洋文明，所以盛者，因为他的势力，是集中的……我们东方诸国，却如一盘散沙，不互相研究，不互相团结，所以东方文明，一天衰败一天了"。他主张，东方民族对于自己的文明应当用"自己的眼光来研究",这样才能够弄清楚自己的民族文化中,"什么该存,什么该废",这样才有希望使东方文明得以保留和发展。泰戈尔的这些文化理念,正是冯友兰当时对文化问题的思考中常常涉及的问题,特别是对于在自己的民族文化中,应该保留什么,应该扬弃什么这类问题,是冯友兰这类中国知识分子正着力探求的问题。文化观念上的契合,使得冯友兰在与泰戈尔交谈中,心情十分愉快。

冯友兰与泰戈尔讨论得比较集中的问题,是东西文化的差异问题。在冯友兰的思考中,东方文化与西方文化是各成系统的文化,差异是客观存在的,但这种差异是"等级"的差异呢,还是"种类"的差异呢?自己尚没有定论。泰戈尔认为,东方文化与西方文化的差异,是"种类"的差异,这表现为东方民族与西方民族的"人生目的"不同。"西方的人生目的是活动(Activity),东方的人生目的是实现(Realization)。"西方民族的人生目的,使他们追求进步,追求财富,追求个体的利益,而无远大的人生价值目标。东方民族的人生目的是"实现",这使得东方人注意求真去蔽,追求自己认定为真理的价值理想和目标。

泰戈尔对东西文化差异的这种理解,对于冯友兰后来建构他的文化类型理论具有一定的影响。因为,泰戈尔将东西文化的差异,理解为"种类"的差异,而不是"等级"的差异，并没有简单地以先进和落后来区划和评估东西文化。对东西文化差异的这种认识，表明泰戈尔作为一个东方民族的文化代表人物，关爱自己的民族文化，对自己的民族文化并没有失去信心。同时，泰戈尔把东西方民族"人生目的不同"，理解为形成东西方文化差异的根据和原因，实际上是把文化与文化主体的生活方式、价值观念联系在一起，在理论上也达到了较高的认识层面。

在谈及东西文化的差异之后，冯友兰与泰戈尔更深入地探讨了所谓东西文化的"损""益"问题、"动""静"问题，以及所谓东西文化的"体""用"问题。这些问题，实际上都是对东西文化差异理解的深化和具体化。所谓"损""益"问题，是冯友兰在泰戈尔认定东西方民族"人生目的不同"，西方民族求"活动"，东方民族求"实现"之后，对东西文化差异的一种概括。冯友兰借用《老子》书中"为学日益，为道日损"的说法，认为西方文明是"日益"，东方民族是"日损"。以"损""益"的观念解析东西文化异同，是冯友兰后来的文化比较理论中的一个重要内容。在与泰戈尔的谈话中，冯友兰对"损""益"的观念并没有展开论释。但这次谈话是冯友兰较早使用"损""益"的观念来区别东西方文化。这种"损""益"的观念也得到了泰戈尔的肯定。

"动""静"问题，同"损""益"问题相联系。以西方文化为"动"的文化,以东方文化为"静"的文化,本来是五四前后中国学术界十分流行的文化观念。泰戈尔认定西方民族在人生目的上求"活动",东方民族在人生目的方面求"实现",当然不能否认东西文化有所谓"动""静"之别。但是,泰戈尔认为东方文化的缺陷正在于"静",他告诉冯友兰:"东方人生,失于太静(Passive),是吃'日损'的亏不是?太静固然,但是也是真理(Truth)。真理有动(Active)、静(Passive)两方面……两样都不能偏废,有静无动,则成为惰性(Inertia);有动无静,则如建楼阁于沙上。现在东方所能济西方的是'智慧'(Wisdom),西方所能济东方的是'活动'(Activity)。"泰戈尔这种"真理有动静两方面""两样都不能偏废"的文化观念,实际上表达了他对于一种理想的文化"种类"的理解;他主张以东方的"智慧"补济西方文化,以西方的"活动"补济东方文化,则以一种较为全面的立场表达了他对于未来文化发展的看法。由于泰戈尔承认东方文化具有"静"的特点,西方文化具有"动"的特点,当冯友兰进一步将文化的"静""动"归结为文化的"体""用",即以"静"为"体",以"动"为"用"时,泰戈尔仍然认同冯友兰的观点。不过,由于泰戈尔主张"动""静"为"真理"的两面,两者不能偏废,他所理解的文化的"体""用"是统一的,而不是分离的。

这同中国国内自清末以来广为流行的文化"体""用"观念并不相同。这种不同，冯友兰从泰戈尔的谈话中，已有具体的感受。

泰戈尔认定西方民族的人生目的在"活动"，东方民族的人生目的在"实现"，东方文化的特征是"静"，西方文化的特征是"动"，实际上也是肯定西方民族求物质、重科学；东方民族求精神、重伦理。在泰戈尔看来，东西方文化由于"种类"不同，东西方民族对于"心""物"的价值的理解也存在差异，这也使得东西方文化之间存在矛盾和冲突。

但是，东西方文化可以互"济"，两者的矛盾并不是不能调和的。因此，当冯友兰问及在东西文化的矛盾中，东方民族应当怎样改变自己的民族文化，使之适应现实世界的发展的时候，泰戈尔毫不犹豫地告诉他：学西方文化之长，补东方文化之短。他说："现在西方对我们是取攻势（Aggressive），我们也该取攻势。我只有一句话劝中国，就是：'快学科学！'东方所缺而急需的，就是科学。"学习西方的科学技术，完善自己的民族文化，这是近代东方民族求生存、求发展的必由之路。冯友兰在纽约对泰戈尔的这次探访，论及了一系列深层次的文化理论问题，尽兴而归。泰戈尔的谈话，使冯友兰受益匪浅。他曾把自己与泰戈尔的这次谈话整理成文字，刊发在1921年的《新潮》三卷一期上。

冯友兰探访泰戈尔的时候，中国国内关于东西文化问题的讨论正不断深入。梁漱溟先生在1919年的夏天，已经开始写作他的《东西文化及其哲学》。冯友兰撰写《与印度泰谷尔谈话》一文的时候，已看过《北京大学日刊》刊发的梁漱溟先生关于东西文化问题的演讲，也阅读过《新潮》二卷四期上登载的"熊子真来信"，加上探访泰戈尔，使冯友兰更加强烈地意识到比较东西文化，探求民族文化的更新和发展，已成为现代中国学者必须承担的时代课题。

冯友兰认识到，东方民族的文化，不论现状如何，都需要人们深入研究。因为这种文化的存在是一个客观的事实，而且这种文化也对人类文明作出过自己的贡献。冯友兰在坚定自己投身东西文化研究的信念的同时，也主张以西方的科学精神来进行东西文化的比较研究，反对文化研究中的"空谈"。他认同泰戈尔东方民族应当学习西方科学的观点，并主张把这样的学习付诸实践，使之变成实际的行为。他针对国内学术界的学术风气，曾在《与印度泰谷尔谈话》一文的末尾写道："中国现在空讲些西方道理，德摩克拉西，布尔什维克，说得天花乱坠，至于怎样叫中国变成那两样东西，却谈的人很少。这和八股策论，有何区别？"冯友兰拜访泰戈尔以后所持的这种研究中西文化的主张，不仅对中国学术界产生过一定的影响，也实际地指导了他自己对中西文化问题的思考。

赫贞江畔的沉思

美国哥伦比亚大学西边的 Hudson river，胡适译作赫贞江。当年胡适在美国留学时，写成《诸子不出于王官论》，文后即附识有"民国六年四月草于赫贞江上寓楼"。1982年9月，冯友兰应母校邀请，重返哥伦比亚大学，接受名誉文学博士学位，曾赋诗一首：

> 一别贞江六十春，
>
> 问江可认再来人？
>
> 智山慧海传真火，
>
> 愿随前薪作后薪。

大概是受胡适影响，冯友兰在诗中也称哥伦比亚大学旁边的 Hudson river 为赫贞江，并以诗人的意趣和语言询问赫贞江，是否还记得他这位当年哥伦比亚大学研究院的中国留学生。六十年后重返母校，冯友兰感慨万千。对冯友兰来说，赫贞江畔的留学生活，是他人生旅途中一段重要的经历，这种经历是无法忘记的，也是永远不能忘记的。因为在冯友兰看来，他在哥伦比亚大学研究院的留学生活，意味着他后来数十年哲学活动的开端。这种开端的标志，是他开始从哲学的层面思考中西文化问题。

冯友兰认为，中西哲学的发展历史颇多相似之处。西方耶教的兴起与中国佛道的兴起，思想背景极其相似。西方希腊哲学的兴盛时代，在中国大体上即是战国诸子蜂起的时代。在希腊哲学的发展中，怀疑论否定哲学之时，在中国则有秦始皇焚书事件，乃至汉代烦琐的经学的出现；这些文化现象所导致的结果，都使人们怀疑理性，归于宗教。更为有趣的是冯友兰认定清代学者的考据方法，符合西方的科学精神，清儒的考据虽与西方的科学所研究的对象有别，但清儒考据方法中所蕴含的科学精神不宜否定。

冯友兰认定中西文化有相同之处的思想动机，是他不愿轻易地接受中国文化落后的观念。冯友兰并不否认中国近代科学落后，但他将这种落后的原因，归之于中国人传统的价值观念。依照冯友兰的理解，中国近代科学落后于西方，并不是由于中国人不能，而是由于中国人不为。这样的文化观念，使冯友兰坚信中西文化的矛盾存在调和的可能，中国文化的传统对于未来人类文明的发展，仍然可以作出自己的贡献。

冯友兰曾经把自己理解的比较中西文化的态度与方法写成《论比较中西》一文，作为一位留美学生对中国学术界谈论中西文化及民族性问题的进言，刊发在 1922 年的《学艺》杂志上。他在思考中西文化问题的过程中写成的 *Why China has no science*；*an interpretation of history and consequences of Chinese philosophy* 一文，先是于 1921 年秋天在哥伦比亚大学哲学会上作为论文宣读，后来又刊发在美国《国际伦理学杂志》上。

《为什么中国没有科学——对中国哲学的历史及其后果的一种解释》一文，是冯友兰在哥伦比亚大学学习期间思考中西文化问题，形成较早的认识成果。由于冯友兰在这篇文章中，已经开始自立权衡，打破东西界线，把文化中的不同学术派别之间的差异，与地域的界线、民族的界线区别开来，运用"自然""人为"之类的概念，考察东西文化，描述学术文化派别的思想特征，在理论上已初成系统，自为一家之言。因此，论文在哥伦比亚大学哲学会上宣读之后，得到了伍德布里奇、杜威等教授的称道和赞赏。

后来，冯友兰在《为什么中国没有科学——对中国哲学的历史及其后果的一种解释》一文的基础上，写成了自己的博士论文：《天人损益论》。论文中对中国和西方的不同哲学派别进行了具体的比较，认定人类哲学的发展，不分东西，只别于"见""蔽"。这是 20 世纪 20 年代中国人写成的一部系统地比较中西哲学的著作。书中对于中西人生哲学异同的理解，言之成理，立论有据，极富特色，达到了相当高的理论层次，是 20 世纪 20 年代，中国学术界比较中西文化，探讨中西哲学异同的重要认识成果。

《天人损益论》的完成，使冯友兰顺利地通过了博士论文答辩，为自己在哥伦比亚大学研究院的留学生活，画上了一个圆满的句号。

第4章

清华园的教授生活

重返开封

1923 年，冯友兰在哥伦比亚大学研究院通过博士学位论文答辩时，冯景兰也完成了在美国的学业，获得了硕士学位。冯友兰即偕同弟弟乘船经加拿大回国。大约在 8 月初，冯氏兄弟一起回到河南开封。

当时，中国留学欧美的归国人员还不是很多。河南地方选派的留学人员中，在国外获得博士学位或硕士学位的归国人员更是稀少。冯氏兄弟回到开封，对于唐河祁仪镇冯家和河南教育界都算得上是一件大事。他们受到了河南教育界的热情欢迎。冯友兰在北京大学的同学杨育森，在开封办了一所黎明中学。冯友兰回到开封不久，杨育森即在黎明中学筹办欢迎会，邀请冯氏兄弟到黎明中学演讲。中州大学也正式聘定冯友兰为该校文科主任、哲学系系主任兼教授。文科主任，实即文学院院长。中州大学决定让冯友兰担任文科主任，实际上是决定由冯友兰主持全校的文科建设。

冯友兰在中州大学的教学工作是从 1923 年 9 月份正式开始的。当时，中州大学文科除哲学系外，还设立了文史系、英文系，后来又增设了教育系，系科比较齐全。冯友兰先是在文科各系调整职工队伍，同时多方联络，尽力为中州大学文科各系聘请学有专长的教师。郭绍虞、嵇文甫、董作宾、马非百、汪敬熙等人先后执教于中州大学文科各系，即与冯友兰主持中州大学文科的工作有关。由于中州大学文科的教师队伍日渐整齐，不断壮大，使得中州大学在当时国内的省立大学中，位居前列。

冯友兰作为中州大学文科的教授，在教学工作和科研工作方面也率先垂范，以身作则。他为学生讲授中西哲学，贯通古今中外，深受学生欢迎；他给师生们作《中西文化的基本差别及其原因》的专题演讲，努力和师生们交流自己在海外的所学所思与所得，拓展师生们的学术视野，提高他们的学习品味和层次。冯友兰在中州大学还曾经亲自教学生们学习英文，指导学生做英文翻译练习，并且积极支持学生们组织文艺研究会，创办会刊，开展国学与文学研究，以便使学生们在实际的学术活动中增长学识和才干。冯友兰在教学方面的工作，深受师生们的好评。

重返开封以后，冯友兰一方面积极投入中州大学文科的行政工作与教学工作；另一方面积极联系过去在学术界、教育界的朋友和同学，筹划《心声》复刊。1923年11月，冯友兰和他的同道们在《新中州报》上宣布《心声》复活，并声称，复活的《心声》，在内容方面将兼顾学术与批判现状两个方面，以便满足不同文化层次读者的需要。

《心声》复刊以后，冯友兰除自己撰稿和联络同学、朋友们撰稿之外，也得到了他妹妹冯沅君、弟弟冯景兰的支持。冯沅君专攻文学，冯景兰在美国学习地质学，这使得《心声》杂志上常常刊载冯沅君的诗作，也辟有冯景兰主持的"科学丛谈"。由于冯氏兄妹的努力和支持，《心声》杂志在内容和学术层次方面都出现了新的气象与进步。

冯友兰在开封的学术活动，另一个重要内容是积极参与当时国内开展的人生观论战。1923年暑假，冯友兰应邀到山东省的曹州中学演讲，内容即是关于人生观问题。他讲到了人生真相与人生目的，讲到了人性善恶与人的理性，也讲到了人生的永恒与价值等。依照冯友兰后来的说法，人在道德观方面的最高标准是"和"，在真理论方面的最高标准则是所谓"通"。人们在道德问题上求"和"，正如同人们在认识问题中求"通"。求"和"的目的在于使人们的欲望尽可能得到实现和满足。因此，一种社会制度，满足人们的欲望愈多，这种社会制度即愈好。冯友兰曾将这次演讲内容整理成《一种人生观》一书，交由商务印书馆于1924年10月出版。

这一年，冯友兰的博士论文《天人损益论》更名为《人生理想之比较研究》由商务印书馆出版。论文出版后，哥伦比亚大学正式授予冯友兰哲学博士学位。后来，冯友兰又应商务印书馆之约，把他的博士论文《人生理想之比较研究》的内容改写成中文，以《人生哲学》为书名出版。此书为冯友兰早期重要的学术著作之一。

燕 京 教 坛

冯友兰在中州大学工作两年后，应陈钟凡邀请，赴广东大学任教。但冯友兰在广东大学任教的时间非常短暂，不久即应博晨光之约，进入燕京大学任教。当时，北京虽不是中国的政治中心，但由于历史的原因，北京在学术文化方面的中心地位，仍非中国其他城市所能够取代。冯友兰进入燕京大学之后，除了担任本校哲学系教授，还在北京大学和华语学校兼任了教职。冯友兰受燕京大学之聘重返北京时，虽隐存着因时局混乱而产生的忧虑，但就个人事业和生活而言，他还是相当兴奋的。

1926 年初，冯友兰在北京与杨振声、邓以蛰、日本人小畑薰良等人重逢。这些人或是冯友兰北大时期的同窗，或是留学美国期间结识的友人。故旧重逢，心绪特佳，四人曾开怀畅饮，大醉方休，显现了冯友兰生活中少见的潇洒与豪放。冯友兰的女儿宗璞在《三松堂断忆》一文中说，她父亲的生活中有"呆气"，有"仙气"，也有情趣盎然的时刻：父亲自奉俭，但不乏生活情趣。他并不永远是道貌岸然，也有豪情奔放、潇洒闲逸的时候，不过机会较少罢了。1926年父亲 31 岁时，曾和杨振声、邓以蛰两先生，还有一位翻译李白诗的日本学者一起豪饮，四个人一晚喝去了十二斤花雕。一顿晚餐，人均喝下三斤黄酒，确实算得上是豪饮了。冯友兰少有的豪放，也反映了他重返北京时的好心情。

冯友兰在燕京大学为哲学系学生开设中国哲学史，并兼任北京大学讲师，为北京大学哲学系学生讲授西方哲学史。同时，博晨光还介绍冯友兰到华语学校兼课。华语学校是居住在北京的外国人，为了学习中文，了解中国文化而自办的一所学校。冯友兰在华语学校为外国人讲《庄子》，同时也负责华语学校有关中国文化讲演的组织工作。他利用组织中国文化演讲的机会，先后请王国维、梁启超、黄侃、顾颉刚等学者到华语学校讲学，增加自己与北京学术界人士的交流和沟通。

由于教学工作需要，冯友兰进入燕京大学以后不久，即开始中国哲学史的研究与写作。他的《郭象的哲学》《泛论中国哲学》等比较重要的论文，即写成于在燕京大学任教时期。在这些文章中，冯友兰介入了当时学术界对于中国哲学的类型、特征及发展问题的探讨。

但是，冯友兰对于自己在燕京大学的工作环境，仍然不是十分满意。进入燕京大学不久，他又开始寻求新的"安身立命之处"。1928年清华大学成立，罗家伦担任校长，邀请他去清华任教。于是，冯友兰迅即告别燕京大学，开始了自己人生的又一段重要旅程——清华教授生涯。

水 木 清 华

清华大学是在原清华学校的基础上组建起来的。清华学校原称清华学堂，是清朝政府为了利用美国政府退还的"庚子赔款"的所谓"余额"，向美国派遣中国留学生而设立的一所"留美预备学校"。1909年，清政府开始设立"游美学务处"，作为向美国派遣留学生的政府办事机构，具体经办选派留学生事宜。其后不久，"游美学务处"在直接选送留美学生的同时，着手筹办"游美肄业馆"，接收中国学生进馆接受短期培训，然后再择优选送去美国留学。清华学堂即是"游美学务处"在改革完善"游美肄业馆"的基础上，使其在体制方面正规化的结果。

"游美肄业馆"改名为清华学堂，大概与"游美肄业馆"馆址位于清华园有关。清华园本来是一处位于北京西北郊的皇室名园。园主载濂获罪，清华园由清政府收回。后来划归"游美学务处"作为"游美肄业馆"的建馆之地。晋人谢叔源的游西池诗中有"景昃鸣禽集，水木湛清华。褰裳顺兰……，徙倚引芳柯"的句子，"水木清华"遂为描绘园林池沼景色的佳句。清华园在清康熙年间称为熙春园，咸丰年间更名为清华园，大概也是要以"清华"二字来描摹其园林池沼的清丽秀美。当年清政府创办清华学堂，同其腐败无能，丧权辱国，受美帝国主义侵侮联系在一起。但清政府将清华园划作"游美肄业馆"的建馆之地，却使得清华学堂后来的发展，得到了一处环境清幽的"风水宝地"。冯友兰进入燕京大学不久，燕京大学校址也迁移到了北京的西北郊区，与清华大学仅一墙之隔。当年，冯友兰决定进入清华大学任教，除了考虑清华大学的工作条件，大概也是因为中意清华园中的生活环境。

1928年，冯友兰进入清华大学担任教职，罗家伦发挥了重要作用。清华大学组建之时，罗家伦因曾为五四运动的学生领袖之一，又有留学美国的经历，得到当时南京国民政府与美国驻华使节的共同认可，被任命为国立清华大学第一任校长。

但是，罗家伦毕业于北京大学，与清华关系不深。他要"受命党国"而"掌清华"，必须组织一个在学识和能力各方面都值得信赖的领导班子。为此，他将眼光投向自己当年在北京大学的同学们。冯友兰与罗家伦不仅为北大同学，留美期间，二人也是过往甚密的朋友。于是，1928年8月，冯友兰受罗家伦之邀担任了清华大学秘书长，兼任哲学系教授。当时，清华大学哲学系由金岳霖先生担任教授兼系主任。

冯友兰进入清华大学，除了罗家伦力邀之外，一个重要原因是他自己认定清华大学是一所值得自己为之献身的大学。为了在这所地位不逊于北京大学的高等学府中立足，冯友兰进入清华大学不久，即主动地调整了自己的工作。

冯友兰随同罗家伦进入清华大学时担任的秘书长，是一个与教务长并列的重要行政职务。当时清华大学分设教务处与秘书处。秘书处分管文书科、庶务科和会计科。秘书处的工作由秘书长主持，秘书长参加由教务长和各学院院长组成的校务委员会，在校长主持下，处理全校工作。冯友兰担任秘书长，不仅要承担其作为哲学系教授的工作，还须负责处理全校日常行政事务。1929年开学以后，冯友兰辞去秘书长职务，专任哲学系教授。他不愿长期担任秘书长之职，可能是觉得行政事务工作与学术工作毕竟有一定距离，自己要能够在清华大学立足，还是应着眼于学术，在获得较高学术成就的基础上，再参与学校管理。大概是由于这种思想观念的支配，冯友兰辞去秘书长不久，即参加了文学院院长职位的竞选，但以失败告终。

1929年第二学期开学之后，金岳霖教授不再兼任哲学系主任，改由冯友兰担任哲学系主任。当时清华大学的学院这一级组织，负责校长与各系系主任之间的沟通与协调，系主任则负责一个学系的全面工作，是一个重要的职位。工作角色的转变，为冯友兰的学术工作创造了条件。

冯友兰在燕京大学时，已开始对中国哲学史的系统研究，进入清华大学后，这种研究仍在继续。他的两卷本《中国哲学史》脱稿后，受到清华大学教授陈寅恪和金岳霖的充分肯定，被定为清华大学丛书中的一种，于1931年出版。冯友兰的两卷本《中国哲学史》，是现代中国哲学史学科史上第一部完整的中国哲学史著作，书中对中国哲学的发展历史进行了系统的发掘和研究，代表了当时中国哲学史研究领域中最新的研究成果，也标志着当时中国哲学史研究的最高水平。

重要的学术成果，确立了冯友兰名教授的地位。1930年，清华大学文学院院长杨振声辞职赴青岛大学任教，冯友兰以文学院代理院长的身份主持文学院工作。罗家伦离开清华大学以后，冯友兰又以文学院代理院长的身份参加校务会议，主持清华大学的日常工作。与冯友兰轮流承担这种工作的还有理学院院长叶企荪先生。清华大学校史上，把冯友兰与叶企荪在清华大学校长职位空缺的情况下，轮流主持清华校务，称之为"判行"清华例行公事。

冯友兰进入清华后，受到教授会的信任与支持，为维持清华正常的教学秩序做了不少工作，同时对清华大学也有了更深刻的认识和了解。他意识到，自己在清华大学不能将学术与事务放置在同一层面上。自己的发展重心应移向学术研究。后来的事实证明，冯友兰为自己在清华大学发展方向上的这种定位是完全正确的。1931年12月3日，梅贻琦出任清华大学校长。由于冯友兰对自己在清华大学的发展方向作出了正确的选择，找准了自己在清华大学的生存空间与发展重心，使得他后来在清华大学的教授生涯中，不论是对于中国哲学史的研究，还是对于中国现代哲学的创建，都取得了巨大的成就。

冯友兰调整自己的发展方向和重心，并没有完全放弃自己在事务方面的抱负。从1930年开始，冯友兰在清华大学连续担任了十八年文学院院长。对于清华大学人文学科的规划、建设、发展，冯友兰都有所贡献。但是，冯友兰在事务方面的成就远远不能与他的学术成就相提并论。冯友兰能够得到清华大学文学院全体教授的支持出任文学院院长，除了他具有出色的组织领导工作能力之外，更主要的是由于他在创建现代中国哲学方面的重要贡献，以及他由此而在国内外学术界所获得的学术地位与学术影响。可以说，冯友兰在清华大学期间，学问与事务两个方面都取得了成就，但在这两者之中，后者有赖于前者；而冯友兰之所以在学术研究方面获得重要成就，又缘于他不断地认识了解清华，主动调整自己的工作。善于适应复杂的社会生活环境，不断调适自己在社会生活舞台上扮演的角色，是冯友兰的个性特征之一，也是他在学术方面终成一代宗师的重要缘由。

第 5 章

在"南渡"岁月里

抗 日 烽 火

近代西方列强的侵略，给中国人民带来了深重的灾难。在帝国主义对中国的侵略活动中，又以与中国隔海相望，并曾在历史上饱受中华文明恩惠的日本帝国主义的侵略，给中国人民带来的祸患最为惨烈。1931 年 9 月 18 日，这是中华民族永远都不会忘记的日子。这一天，日本关东军炮轰沈阳，一夜之间占领了沈阳全城；其后，在不足四个月的时间之内，侵占了中国的东北三省，东北三千万同胞，陷入了战争的苦难。

"九一八"事变后的第三天，冯友兰以清华大学校务委员会成员和文学院院长的身份，主持清华大学教职工大会，报告北平教育界对"九一八"事变的反应，呼吁清华大学的教职工联合起来，响应北平教育界教职工联合会的号召，积极投入救助东北同胞的工作。这次会议决定组织清华大学教职员公会对日委员会。冯友兰是这个委员会的主要成员。除了冯友兰以外，委员会的成员还有叶企荪、陈岱荪、吴有训、张奚若、叶公超等人。在清华大学教职员公会对日委员会的第一次会议上，冯友兰被推选为主席，并且和陈岱荪一起，被推举为清华大学出席北平教育界和天津教育界对日联合会的代表。

冯友兰积极参与清华师生和北平社会各界声讨日本侵略罪行的活动。他对于青年学生参加抗日活动的方式，也有着自己的理解。他觉得中日战争事关国家民族的存亡，抵抗日本帝国主义侵略的斗争，每一个中国人都负有自己的责任。由于人们的分工不同，责任不同，斗争的形式也应当有所不同。在冯友兰看来，人们可以在各自的工作岗位上和生活环境中，为抵抗日本侵略贡献自己的力量。不必也不可能每一个中国人都拿起武器，直接走上战场。青年学生是国家和民族的未来，应当着眼于国家和民族的长远发展目标，在积极投身抗战的同时，坚持完成自己的学业。1931 年 11 月，冯友兰作为清华大学教职员代表，出席张学良将军召集的北平高校抗日代表茶话会。会上张学良主张政府与民众紧密团结，联合抗日；但他也不主张青年学生以罢课、罢学的方式，表达对日本侵略者的愤慨，认为青年学生罢课、罢学，正是日本侵略者所希望看到的。因为青年学生不接受良好的科学文化教育，从长远来看，必将进一步导致国家和民族的贫弱，这实际上为日本帝国主义实现其侵略中国的罪恶野心提供了条件。冯友兰十分赞赏张学良将军的这种主张和观点。

"九一八"事变之后不久，清华大学的吴其昌先生举家绝食，赴南京请愿，要求国民党政府积极抗战。吴其昌先生的行为在清华大学学生中引起强烈共鸣，学生们决定赴南京请愿并声援吴其昌先生。学校当局为了维持学校正常的教学秩序，除了劝阻学生南下请愿以外，曾经致电吴其昌先生，一方面表示同情其爱国行动，同时也"劝其即刻复食返校"。清华大学教职员公会对日委员会在致电吴其昌先生的时候，也曾致电南京国民政府，要求政府重视吴其昌先生的抗日主张，"速定大计，积极负责，收复国土"。这些电文也都是冯友兰经手处理的。

冯友兰主张维持学校的教学秩序，希望学生们完成自己的学业，并非不主张青年学生参加抗日活动。他曾同清华大学教职员工一起募捐，慰问辽西战役之后来到北平疗伤的官兵，为慰问十九路军将士捐款。对于国民党政府在"日寇横行无忌的时刻，妥协退让的倾向"，则予以坚决揭露和反对。热河失守后，清华大学教授会曾致电南京国民政府，要求追究蒋介石作为军事委员会负责人的责任。冯友兰也是电报的起草人之一。

抗日战争的烽火燃遍神州大地，冯友兰始终站在清华大学那些富有正义感和民族责任心的教授之列，同全中国人民一道投身于抗日斗争，直到迎来抗日战争的伟大胜利，表现了中国知识分子热爱自己的国家，热爱自己民族的气节和美德。

游 访 欧 洲

冯友兰于 1928 年 8 月进入清华大学担任教职，到 1933 年暑假的时候，他在清华大学任教已经整整五年了。按照当时清华大学的规定，清华大学教师，只要连续在校任教五年，即可以由学校资送出国休假、游学一年。1933 年暑假后，冯友兰享受了他在清华大学的第一次出国休假。在旧中国的高等学校中，清华大学给予教员的待遇比较优厚。教员出国休假，是清华大学这类少数经济实力比较雄厚的高校的教师才能享受的待遇。

冯友兰进入清华大学以后，在学术研究方面不断取得令世人瞩目的成就，加上他一直工作在学校的领导层中，学校当局在生活方面对他是十分照顾的。1932年，冯友兰已经开始享受清华大学具有留学经历的中国教员的最高待遇。在旧中国，清华大学教职员工的薪酬，外籍教师优于中国教师，具有留学经历的中国教师优于没有留学经历的中国教师，一般教师优于职员。由于清华大学有其稳定的办学经费来源，在二十世纪二三十年代那种动荡的岁月里，学校也从来不曾拖欠教职员工的薪酬。

这次冯友兰出国休假，不仅由学校资助其往返路费和相当于留学生的生活费用，国内薪酬也还可以领取一半。从经济条件方面看，可以说冯友兰完全没有后顾之忧。加上当时国难当头，中国社会正处于激剧的动荡之中，冯友兰也想出去看看外面的世界，以帮助自己更好地思考中国社会所面临的各种现实问题。于是他决定去英国讲学，以便游访欧洲。

冯友兰去英国讲学的计划，早在1933年4月即确定下来了。校方决定在冯友兰赴英讲学期间，由蒋廷黻代理文学院院长，张申府代理哲学系系主任。冯友兰在交接完校内工作之后，于1933年8月从上海乘意大利邮轮赴欧。与冯友兰一道启程赴欧休假的清华大学教员还有浦江清、蔡可选等人。冯友兰因为有在英国的讲学计划，他决定用半年时间应"英国各大学中国委员会"之约在英国讲学，用半年时间游访欧洲的一些主要国家。

冯友兰偕同浦江清等人于10月抵达意大利，曾顺访罗马、佛罗伦萨、米兰等意大利城市，11月才经法国巴黎抵达英国伦敦。

在伦敦期间，冯友兰住在大英博物馆附近，一边准备讲稿，一边在大英博物馆读书。冯友兰这次在英国讲学的内容，主要来自他的《中国哲学史》。他根据《中国哲学史》的内容，拟定了十个讲题，形成了自己的英文讲稿。讲稿写成之后，冯友兰曾经寄给罗素。罗素致信冯友兰，支持他在英国各大学宣讲中国哲学。因为，罗素认为英国人对中国的传统文化了解得太少。冯友兰也曾经希望自己的这部讲稿能够在英国出版，并致信罗素，希望罗素能在这部讲稿出版时，为其作序，但未获罗素应允。按冯友兰后来的说法，这些讲稿没有什么新的内容，英文也不够出版的标准。因此，他放弃了在英国出版这部讲稿的计划。

但是，冯友兰在英国的讲学十分成功。他依据自己拟定的讲学计划，先后在牛津大学、剑桥大学、伯明翰大学、爱丁堡大学等十几所英国著名学府宣讲中国哲学。讲学的时候，由各个大学自己确定一个希望冯友兰演讲的题目，并由一位教授与冯友兰具体联络。在该所大学讲学期间，冯友兰即生活在同他联系的这位教授家中。这样的讲学方式，使得冯友兰在各个大学讲学的时间虽然不长，但对于英国社会，特别是英国的大学教育，却有了广泛的了解。

英国社会给冯友兰印象最深的是中世纪封建社会的遗风犹存，人们对于皇室存有真诚的敬意，而当时的英国实际上已经是一个资本主义比较发达的工业化国家了。冯友兰由此意识到，英国人在新的社会条件下，妥善地保护自己的传统，并没有妨碍其社会的进步。善于保护自己的传统，应当是英国人的一大优点。

英国的大学，给冯友兰印象最深的也是其组织形式及教学制度的形成，都具有深厚的历史根源，或者说都有自己的传统。冯友兰从英国大学的传统中意识到，传统的东西是历史积淀的结果，不是可以简单地通过学习就能够得到的。同时，他了解到英国一些著名大学，如牛津大学、剑桥大学，其培养学生的目标、宗旨与中国的大学也不尽相同。牛津、剑桥所注重的不是向学生传授知识，而是训练学生如何生活、享受。如果就学生学习的课程而言，英国的牛津大学、剑桥大学要少于美国的哈佛大学，美国的哈佛大学要少于中国的北京大学、清华大学。

冯友兰后来回忆自己的这次欧洲之行，说当时有人开玩笑说：如果光从课程学习来看，中国北大、清华的毕业生可以教美国的哈佛；哈佛的毕业生可以教英国的牛津、剑桥。

当然，这只能是一个笑话。实际上，英国的牛津、剑桥培养了不少科学文化的巨星。他们的组织形式、教学制度和方法，实际上是同整个英国社会的特点，以及英国人的生活方式联系在一起的。

冯友兰在英国讲学期间，还曾经拜访过维特根斯坦，同维特根斯坦讨论哲学问题。维特根斯坦主张在形上学面前保持沉默，这实际上宣示了一种构建形上学的方法。这种方法，同冯友兰所理解的形上学方法颇为契合。哲学观念相近，使冯友兰在与维特根斯坦的交往中，深感两人之间理趣相投，极易沟通。

结束在英国的讲学活动之后，冯友兰先后游访过法国、瑞士、德国等欧洲大陆国家。冯友兰这次游访欧洲大陆诸国的时候，所做的对于中国学术文化建设最有意义的一项工作，是与德国对外文化联络委员会取得了联系，达成了清华大学与德国交换研究生的意向。当时，冯友兰在柏林，巧遇一位曾经在他担任清华大学校务委员会主席时访问过清华大学的德国友人。由于这位友人的介绍，德国对外文化联络委员会建议清华大学与德国交换研究生，冯友兰应允回国后与清华大学联系。后来，冯友兰同叶企荪一道拟定了清华大学选派赴德交换研究生简章草案。这个简章在清华大学教授评议会上获得通过后，得到梅贻琦校长的支持，使得清华大学于 1935 年 7 月选派乔冠华、季羡林、郭福堂三人赴德国学习，开始履行清华大学与德国交换研究生的协议。清华大学这次派选研究生赴德国学习，为国家培养出了几位杰出人才，其中以乔冠华和季羡林二人最为著名。

乔冠华 1929 年考入清华大学，先在中文系学习，后来转入哲学系。1933 年，乔冠华从清华大学毕业以后，东渡扶桑，进东京帝国大学学习，后因与日共联系，被日本当局驱逐出境。归国后来到北京时，正值清华大学选派赴德国留学人员，在冯友兰等人的推荐下，获得留学德国的机会。乔冠华曾经忆及自己留德学习一事：清华和其他几所大学每年都和德国相应的大学有交换优秀留学生的制度。各方推举优秀的毕业生到对方的大学继续深造，就是攻读研究生的博士学位。德国给清华的哲学方面的学位只有一个名额。1935 年的假期，当时文学院院长冯友兰教授和哲学系系主任，还有我的老师，由于我在学校的学习成绩好，他们推荐我去……我很高兴地接受了。乔冠华对康德哲学、黑格尔哲学都有深入研究。到德国后进图宾根大学哲学系，后获得博士学位。乔冠华学成归国后，曾出任中华人民共和国外交部部长，在周恩来的领导下，长期参与中华人民共和国的外交工作，成为最有学识和才华的外交干部之一。

季羡林低乔冠华一级，1930 年考取清华大学，入西洋文学系，专业是德文。1935 年，由于清华大学与德国正式签订交换研究生协定，季先生由清华大学选派赴德学习，进入哥廷根大学主修印度学，兼修英国语言学和斯拉夫语言学。他先后师从瓦尔特史米特教授和西克教授学习梵文、巴利文、吐火罗文以及俄文、南斯拉夫文、阿拉伯文等多种语言文字。1941 年获得哲学博士学位。季羡林留德十年，于1946 年回国。后来进入北京大学东方语言文学系任教，在印度学、佛学、东方学、语言学以及文学等方面都取得了巨大成就。

季羡林先生晚年曾多次忆及他在清华大学学习时，时任文学院院长的冯友兰对自己一生学术道路的影响。1926 年，季羡林上高中时，即阅读过冯友兰的《人生哲学》。进入清华大学以后，季羡林虽然没有选修过冯友兰开设的课程，但常听冯友兰的讲话和报告。对于冯友兰游欧期间，达成清华大学与德国交换留学生的意向，季羡林先生更是感激不已。季羡林晚年曾经说："如果没有人帮助，一个人会是一事无成的。在这方面，我也遇到了极幸运的机遇。生平帮助过我的人无虑数百。要我举出人名的话，我首先要举出的，在国外有两个人，一个是我的博士论文导师瓦尔特史米特教授，另一个是教吐火罗语的老师西克教授。在国内的有四个人：一个是冯友兰先生，如果没有他同德国签订德国清华交换研究生的话，我根本到不了德国。一个是胡适之先生，一个是汤用彤先生，如果没有他们的提携的话，我根本来不到北大。最后但不是最少，是陈寅恪先生。如果没有他的影响的话，我不会走上现在走的这一条治学的道路，也同样是来不了北大。"

季羡林感谢的国内师长，首先提到了冯友兰，不无道理。可以说，正是因为冯友兰这次游访欧洲，与德国达成清华大学与德国交换研究生的意向，并在以后得以实行，为季羡林创造了留学德国的机遇，才使得季羡林后来学有所成。如果没有冯友兰游访欧洲时与德国对外文化联络委员会的联系，季羡林不可能会有留学德国的经历，他的人生也许就是另一番景象了。因为季羡林1934年从清华大学西洋文学系毕业之后，已经回到山东省立济南高中担任国文教员。

1946年，季羡林归国，年仅35岁。由于著名学者陈寅恪向胡适、傅斯年、汤用彤等人推荐，他受聘担任北京大学教授，兼任北京大学东方语言文学系主任。20世纪40年代，在中国的大学中，刚从国外获得博士学位回来的人，已经很难马上被聘为教授了。能被聘为教授者，只是少数在学术研究方面极有造诣的学者。季羡林是这类年轻学者中的一员。中华人民共和国成立以后，季羡林在北京大学被评为一级教授，并当选为中国科学院哲学社会科学学部委员。其时，季羡林年仅 45 岁。在当时的中国知识分子中，像季羡林这样的年龄和资历，能得到这种生活待遇和学术地位，为数极少。季羡林在学术事业方面获得巨大成功，当然是因为他个人的勤奋和努力，但是也确实得益于冯友兰等前辈师长为其所创造和提供的学习机遇与工作环境。在中国现代学者中，季羡林同陈寅恪先生一样，是少数几位精通中西学术的大家之一。他们以自己渊博的学识，为国家和民族的学术文化事业作出了独特的贡献。从这样的角度来看，冯友兰游访欧洲时，与德国对外文化联络委员会取得联系，也不仅是为季羡林个人创造了一个出国深造的机会，而是为中国现代的学术文化事业作出了一个重大贡献。

冯友兰游访欧洲时，欧洲诸国并立的局面同中国社会的大一统格局形成的鲜明对照，给他留下了深刻印象。冯友兰长年生活在中国这个统一的疆域辽阔的国度中，又在有着同样辽阔的国土的美国生活过。他感到在中国和美国这样的大国中，从南到北，从东到西，虽然路途遥远，但并没有限制和阻隔，通行十分便利。在欧洲则不一样，从一个地方到另一个地方，即常常是从一个国家到另一个国家，出关入关，手续繁杂，十分不便。因此，冯友兰游访欧洲诸国，常有时光倒流之感，就像是回到了中国的春秋战国时代。冯友兰由此深感国家统一的可贵。

但是，冯友兰游访欧洲的时候，欧洲各国的物质文明和精神文明进步的程度，又远非当时的中国所能比肩。中国当时实际上还处于一种半殖民地半封建状态，而且由于日本帝国主义侵吞中国的罪恶野心日渐暴露，中华民族正面临新的存亡危机。这使得冯友兰在体验到中国统一的长处和优点的同时，也在思考中国社会的发展，思考为什么中国比欧洲各国落后。

冯友兰意识到，中国社会的统一，比起欧洲国家林立的现状来是一大进步。但中国长期处于封建社会，封建社会的上层建筑是以专制和集权为特征。这种专制主义的中央集权，常常会利用上层建筑的力量，去压制新的经济因素的产生和发展，使落后的经济关系拖住新的先进的经济关系，新型生产关系只能处于一种萌芽状态。这大概也是中国长期停滞在封建社会，科学文化和生产水平都十分落后的重要原因。

冯友兰这次游访欧洲，对他后来的人生历程产生过重要影响的一件事，是他游访了当时世界上最大的社会主义国家苏联。1917年10月，列宁领导的布尔什维克，把19世纪产生的马克思主义理论付诸实践，在俄罗斯建立了人类历史上第一个社会主义国家，使人类历史上形成的社会主义理想初步变成了现实。在中国，由于孙中山先生于20世纪20

年代重新解释三民主义，主张实行联俄、联共、扶助农工的三大政策，国民党曾经一度得到过苏联的援助；中国共产党则更是时刻都在关注着苏联社会主义实践的发展。但是，30年代的中国知识分子，对于苏联社会的真实情况，大都缺乏实际的考察和了解。人们从不同的信息中了解的苏联，时而为人间天堂，时而又变成了人间地狱。这使得人们基于不同的政治信仰和政治立场，更加关注苏联。

冯友兰这类知识分子，本来是从关注中西文化的矛盾，关注中华民族和中华文化的前途命运开始走向社会，走向中国现代学术文化舞台的。这一次，冯友兰有机会游访欧洲，当然也希望亲身去体验一下苏联社会的生活，从现实中去认识苏联，了解苏联。冯友兰来到德国柏林以后，即决定正式申请访问苏联。后来，他得到苏联旅游部门的允许，于1934年6月从德国柏林启程，进入苏联，先访问列宁格勒，然后进入莫斯科；后来，又先后访问哈尔科夫、基辅、敖德萨等城市。

冯友兰访问苏联期间，曾经在中国大使馆的帮助下，通过苏联学术界人士了解苏联的教育状况，也曾经留意观察苏联民众的社会文化生活。在现实的苏联社会中，冯友兰感到苏联的高等教育同欧洲其他国家的情况相差不多，并不像有些人所说的那样，苏联已经割断和否定了文化传统。他了解苏联民众的宗教活动，感到苏联人的生活中，也并不像有些人所说的完全没有宗教信仰的自由。在苏联的亲身体验，使冯友兰觉得人们对苏联社会生活的报道存在片面化，不符合苏联社会的真实。把苏联说成是人间天堂者，是对苏联社会的美化；把苏联贬斥为人间地狱者，是对苏联社会的魔化。在冯友兰的心目中，苏联与欧洲其他国家并没有什么特别的不同，它不过是正在变化中的人类社会而已。

冯友兰在苏联生活了一个月零七天，于1934年8月初离开苏联，去捷克参加在布拉格举行的一个国际哲学会议。在为会议提交的论文中，冯友兰认为，东方文明与西方文明不应注重相互批评，而应注意相互解释，使两者互补、合一，这表明了他对人类文明发展方向的一种理解和期盼。参加完布拉格哲学会议以后，冯友兰转道威尼斯，乘海轮归国。

冯友兰这次游访欧洲，对资本主义社会的生活，有了进一步的认识和了解，对于社会主义社会的生活，也具备了一些感性认识。游欧期间，他曾经将封建社会、资本主义社会、社会主义社会的区别概括为"贵贵""尊富""尚贤"。所谓"贵贵"，是认为封建社会的本质特征在于重视身份等级；"尊富"，是指资本主义社会以追求金钱利益为特征；"尚贤"，则是指社会主义社会尊重有知识有技术的人士，社会主义社会的政治权力，掌握在有知识有技术的人们手中。冯友兰曾说:"我在当时所谓'贤',是指有学问有技术的人,我所想的大概就是像资本主义国家的人所说的technocracy(技术政治)。就是说,政治应该掌握在有技术的人手里,这并不是社会主义。不过当时我想,尚贤是最合理的。这虽然是对社会主义的误解,但说明我对社会主义发生了好感。"

冯友兰游访欧洲期间形成的"对社会主义的好感",曾经在他归国以后的生活中,掀起一片小小的波澜。但是他的"尚贤"观念,也曾为他后来的人生道路带来转机。20世纪40年代末叶,当中国社会制度出现急剧变化的时刻,冯友兰之所以没和与他同类型的一些知识分子一起流落海外,决意留在自己的国家谋求发展,其中一个重要的思想动因,即他认定社会主义"尚贤",在新的社会生活中,仍然有自己生活与发展的空间和机会。

讲 演 风 波

思想学术方面的趋新,是冯友兰的个性结构中的一个十分重要的因素。强烈的求新意识,曾经促使他在深探中国传统的学术文化的基础上,急切而广泛地接触西方的学术文化,特别是西方的各种哲学理论和社会思潮。

在研探西方学术文化的过程中，冯友兰对于马克思主义的理论和学说也早有接触。中国学术界曾有学者认为，冯友兰在20世纪20年代末、30年代初完成的其成名之作《中国哲学史》中，实际上借鉴过马克思主义的唯物史观。但是，游访欧洲大陆诸国以前，冯友兰除提及过社会主义之外，从来没有专门论及马克思主义的理论，也不曾明确承认自己吸纳和借鉴过马克思主义的理论原则和思想方法。欧洲之行，使冯友兰思想有了明显的变化。这种变化的起因，除了游访苏联，对苏联社会的实际了解，使他对社会主义产生了好感之外，更为重要的是他在访问欧洲期间，曾经在大英博物馆比较全面地阅读马克思和恩格斯的著作，思想上更加直接地受到了马克思主义理论的影响，对于马克思主义的唯物史观，有了更为具体的理解与认同。

　　冯友兰在1933年至1934年游访欧洲期间，阅读马克思主义典籍一事，他归国之后并没有公开提及。直到20世纪50年代初期，他在《新理学底自我检讨》中，才公开地承认："1933年，我在英国住了半年，看了一些共产主义的书。历史唯物论帮助我解决了中西文化问题。在抗战时期，我所写的《新事论》那本书，就是这时期底思想底结晶。照现在看起来，当时对于历史唯物论的了解，是很不够的。但自从1933年起，我一直相信马、恩的历史唯物论是正确的。"冯友兰50年代所说的自己游访欧洲时，开始认同马克思主义的唯物史观，是真实可信的。因为，冯友兰对马克思主义唯物史观的认同，在他从欧洲归国之后不久，在思想言论方面有过具体的表现。

1934年10月上旬，冯友兰从威尼斯乘船回到清华。冯友兰赴欧讲学时，正担任清华大学文学院院长和哲学系系主任之职。他出国之后，学校曾另聘教员代理这两个行政职务。1934年6月，冯友兰尚在国外，他所担任的文学院院长一职任期已满。清华大学教授会重新选举文学院院长候选人，以便由学校聘任。冯友兰缺席参加竞选，结果仍然以高票当选，并被梅贻琦校长续聘为清华文学院院长。由于身兼两个行政职务，冯友兰回到清华大学后首先要处理的工作是行政工作的交接事宜。与此同时，他出席过一次校务会议，参与讨论清华大学的建设问题。除此之外，这一时期冯友兰最有兴趣者是向人们介绍他游访欧洲的印象和感受；而他向人们介绍自己的欧洲之行时，最为乐道者又是他的苏联之行。

1934年10月22日，冯友兰出席清华大学学生组织的现代座谈会并做演讲，讲题是《在苏联所得之印象》。冯友兰游访苏联时，已经对苏联的社会主义产生了好感。因此，他向清华学生介绍自己的访苏印象，也流露出对苏联社会的某些肯定。在冯友兰看来，苏联社会制度的形成，有自己的理论基础和根据，苏联的经济建设，有自己的具体计划，而且把工业化作为国家的建设目标。如果苏联人民能够圆满地完成自己的国家建设计划，实现国家的工业化目标，那么，苏联这块土地，即可以成为世界上的一块崭新的土地。因为，苏联实行公有制，苏联社会中的穷人与其他社会中的穷人并不相同。

在演讲中，冯友兰曾生动地讲到这种不同："关于这一点，中国在莫斯科的驻俄大使馆有人说：'俄国的办法没有什么特别的，不过要人人变成穷光蛋而已。'这倒是实话，不过在他们社会里当穷光蛋和在我们社会中当穷光蛋却不同。在他们社会中，固然就每个人看都是穷光蛋，然而就整个社会上看，社会中任何一样东西，都有我的一部分在里面的，可是在我们社会中的穷光蛋，无论社会怎么有也是穷光蛋了。"由于冯友兰曾亲眼见到在苏联社会生活中，人们推崇知识，注重艺术；人们有组织家庭的自由，信仰宗教的自由，"妇女是整个解放的"。这使得冯友兰在演讲中流露出对苏联社会制度的明确肯定。后来，冯友兰又将自己的这篇演讲稿刊发在《北平晨报》上。

1934年10月底，冯友兰还在清华大礼堂做过一次题为《在英国所得之印象》的演讲。这篇演讲稿分两次刊发在

《北平晨报》上。后来，他还写过一篇《游欧印象》，也是由《北平晨报》刊发的。冯友兰归国以后所作的有关游访欧洲的演讲，及其发表的有关访欧印象的文章中，影响最大的是他的游苏联所得之印象。冯友兰对于苏联社会的印象，不仅在清华大学师生中产生了强烈影响，在社会上也引起了强烈的反应。以冯友兰当时的社会地位，以及他在教育界和学术界的影响，人们从他的言谈中，了解到苏联社会的一些真实情况以后的心情是可想而知的。因为，当时日本帝国主义的侵华战争正在不断升级，中国人民面临的民族灾难日益严重，每一个中国人，都在关心自己的国家、民族发展的道路和方向。所以，当冯友兰在清华大学为学生们介绍了访苏印象之后，《清华周刊》不仅摘登了冯友兰的演讲内容，而且由他的演讲，得出了两个结论：一个结论是听了冯友兰的演讲之后，意识到"冯先生此次出国考察，以在俄印象最佳"。这种结论，实际上指出了冯友兰对苏联社会主义的肯定与好感；另一个结论则是："听冯先生演讲'在苏联所得之印象'后，足证苏联之进步，并非虚传。"

当时，冯友兰只顾向清华大学学生们以及北平社会各界报告自己游访欧洲一年中的所思所想，虽是有感而发，并非空穴来风，主观臆造，但他没有注意到自己大谈访苏印象的时候，国民党政府早已将中国共产党及其活动，定性为

107

"匪"为"患",自己在北平公开大讲苏联社会的进步,政治上已经犯了大忌;他归国以后的这些言论,实际上在为自己的生活酝酿危机。当冯友兰在北京大学作完一次关于中国哲学史问题的演讲之后,他终于碰到了政治上的麻烦。

1934年11月25日,冯友兰应邀到北京大学作题为《秦汉历史哲学》的演讲,公开地阐释了他在当时所理解的历史唯物主义。冯友兰学生时代,在北京大学接受过中国哲学的专门教育,后来到美国哥伦比亚大学,系统地接受西方哲学的训练。学贯中西的知识结构,使他在融会中西文化观念方面,具备了少有学者能出其右的能力。这次在北京大学的演讲,他借用中国历史上出现过的"五德说""三统说"以及"三世说"这几只"旧瓶",去装新酒,向人们论释唯物史观。

冯友兰认为,在中国历史上,汉代的历史哲学最为发达,汉代的历史哲学,大体上可以区分为"五德说""三统说"和"三世说"三派。"五德说"以金、木、水、火、土五行相克,来解释历史上不同朝代的更替。历史上,每一个朝代即代表一"德",朝代的更替,即是"五德"之间的转移;"三统说"认为历史上的新朝代,都代表"黑统""白统""赤统"三统中的一"统",三统的次序是固定的,这个次序是"黑统""白统""赤统"相续,所以朝代的更替，也会服从这样的次序；"三世说"将人类社会区别为所谓"据乱""升平""太平"三世，三世表明了社会的不同发展程度。冯友兰在演讲中，简单地提及"五德说""三统说""三世说"之后，话锋一转，立刻阐释他所理解的这几种历史哲学的含义，认为从汉代的历史哲学中可以得到这样几点结论：

（一）历史是变的。

（二）历史演变乃依非精神的势力。

（三）历史中所表现之制度是一套一套的。

（四）历史是不错的。

（五）历史之演变是循环或进步的。

（六）历史在演变中。

冯友兰从"五德""三统""三世"这些观念中，分析出他所说的这些结论，已经是独具匠心了，人们也已经十分清楚他所要论说的真正内容。但是，他意犹未尽，干脆将汉人历史哲学的理论价值，同唯物史观的原则联系在一起。认为"五德之转移""三统之循环"都有固定的次序和公式，不论人的主观意愿如何，"历史总是要这样走的"，而"所谓唯物史观就有这个意思"。唯物史观"以为社会政治等制度，都是建筑在经济制度上的，实在是一点不错"。冯友兰认定社会历史的变化，在于经济，因此，他还明确地告诉人们，个人在历史上的作用是有限的，声称"我们不忽视人力及领袖，不过我们反对那专就人力及领袖的力量来看历史的说法"。

在这次演讲中，冯友兰还依据唯物史观关于人类社会发展形态的观念，认为"每一套的经济社会政治制度，也各有其历史的使命，例如资本主义的社会的历史的使命，是把一切事业集中，社会化，以为社会主义的社会的预备。在资本主义社会完全成功的时候，也就是它应该，而且必须让位的时候"。声称资本主义社会必须让位，无异于宣布社会主义必然胜利。这样的言论，出自冯友兰之口，在当时的北平，真是振聋发聩，让人耳目一新。人们听完冯友兰的演讲，只能认定访欧归来的冯友兰，已非访欧之前的冯友兰了。"冯先生变了"，这是听完冯友兰在北京大学的演讲之后，人们得出的普遍结论。"冯先生变了"，这种声音对于冯友兰而言，并不是福音，而是灾难。国民党政府终于不能容忍"冯先生变了"。当冯友兰讲完他的《新三统五德论》之后不久，国民党当局即将他"请"进了监狱。

冯友兰被捕，时在 1934 年 11 月 28 日。这一天中午，冯友兰在文学院办公室，被人带到北平市公安局，不久，即被加戴手铐，押解至国民党政府的保定行营。在保定，冯友兰被迫交代游访欧洲一年的经过，以及他归国之后的言行。

当时，国民党政府是以冯友兰有共产党身份的嫌疑，将其逮捕入狱的。

冯友兰毕业于北京大学，又是留美博士，1928年随罗家伦进入清华大学以后，不论学问还是事功，都获得了相当的成就，在当时中国的学术界和教育界早非无名之辈。加之他游欧归来之后在清华大学、燕京大学、北京大学所作的演讲深受人们欢迎，更使他名声大振。这时候，国民党政府将他逮捕入狱，实际上是抓到了一个烫手的山芋，自己给自己制造麻烦。清华大学的师生得知冯友兰被捕的消息之后，群情激愤，立即以各种方式表达对他的同情和支持。

清华大学校方则寻求各种途径和关系，设法营救冯友兰。为了冯友兰入狱之事，清华大学校长梅贻琦面见国民党北平行营主任黄郛；北京大学校长蒋梦麟、文学院院长胡适，以及冯友兰的老同学傅斯年等人，也分别在北平和南京参与了营救冯友兰的活动。冯友兰被国民党政府逮捕的消息，在上海等大城市也引起了强烈反响。更为有趣的是，冯友兰11月25日在北京大学的演讲稿，26日即开始由《北平晨报》分期刊载。冯友兰被捕之后，《北平晨报》对《新三统五德论》仍然照登不误。眼看着冯友兰被捕之事已波及全国，而对他访欧身份的怀疑却查无实据，这使得国民党政府十分难堪。无奈之下，国民党政府只好由时任军政部长的何应钦出面，电令保定方面将其释放。于是冯友兰在被国民党军警以囚车押解至保定以后不久，又被礼貌地送上火车，回到了清华大学。

冯友兰 28 日被捕，29 日即获释回到清华大学，这在当时，不论对冯友兰个人而言，还是对清华大学师生而言，都可以说是一个胜利。冯友兰返回清华大学以后，清华大学有教授提议开会，声援冯友兰，批评国民党政治的黑暗和腐败，未获冯友兰本人应允。冯友兰返校以后，除了向清华大学师生们介绍自己被捕的经过之外，其他方面都十分低调。

从保定归来之后，冯友兰在生活道路上，正面临着一些新的机遇。他可以以自己的亲身遭遇，痛斥国民党政府，在政治上与国民党政府决裂；他也可以正式参加共产党，开始自己的新生活。但是，他没有这样做。在他的生活中，常常存在着不满现实而又要维护现实的矛盾。他离开保定监狱以后，不敢与国民党政府决裂，即是这种矛盾的表现。因为，与国民党政府决裂，即意味着与自己的生活方式决裂，而他并不具备与自己的生活方式完全决裂的思想基础。因此，在保定，冯友兰虽然亲身感受到了国民党政府的腐败，却仍然接受了国民党政府以误会为由，对他被捕所作出的解释。后来，他还接受梅贻琦的建议，去南京住了几天，目的也在于表明国民党特务逮捕他是错误的，他并不是共产党。

在生活中，不取极端的方式去处理矛盾和解决矛盾，是冯友兰信奉的生活原则之一。但是，这并不意味着他对待生活没有自己的主见与理解，也不意味着他拒绝新的事物，无视新的生活。冯友兰被捕之后，鲁迅在致友人的信中曾经说道："我还是喜欢北京，单是那一个图书馆，就可以给我许多便利。但这也只是一个梦想，安分守己如冯友兰，且要被捕，可以推知其他了。"鲁迅说冯友兰安分守己，也被逮捕，目的是要说明旧中国政治生活的黑暗。其实，冯友兰作为一个哲学家，很难说安分守己，至少在思想方面他并没有安分守己。他对生活，有自己独立的见解，有自己的处理方式与选择方式。冯友兰被捕获释之后，并没有在思想上否定唯物史观，也没有改变他对苏联社会主义的看法。他的《新三统五德论》，被《北平晨报》连载后，他又将这个演讲稿以《秦汉历史哲学》为题目，刊登在《哲学评论》上。

冯友兰被捕获释之后，也没有为了在政治上避嫌，而疏远清华大学那些在政治上倾向共产党的爱国青年。五四以来，在北大、清华这类学校中，早就有青年学生追求共产主义，也有青年学生参加中国共产党，在学校里从事地下革命活动。这些事实，冯友兰心中十分清楚，虽然他并不具体了解哪一位同学是共产党员，但他对于青年学生的爱国行为，总是采取理解和保护的态度。在清华大学的学生中，不少人后来为新中国的诞生贡献了自己年轻的生命，例如黄诚同志，即是一位清华出身的革命烈士；也有不少同学，后来成为中国共产党领导集体中的重要成员，例如胡乔木、姚依林等人。这些清华大学的学生，不少人曾经得到过冯友兰的直接帮助。

黄诚于 1934 年进入清华大学工学院学习，曾经担任清华大学学生自治会主席、清华大学救国会主席、北平学联主席。冯友兰游访欧洲回国以后，出席清华大学现代座谈会，向学生介绍自己"在苏联所得之印象"。这个现代座谈会就是清华学生们讨论社会问题和理论问题的组织。后来，受到国民党组织的干涉才被迫取消。黄诚、姚依林、蒋南翔等人，都曾经是清华大学现代座谈会的重要成员。1936 年 2 月 29 日，国民党军警包围清华大学，搜捕进步学生，黄诚听从蒋南翔的指示，在冯友兰家里待了一个晚上，才躲过国民党军警的搜捕。冯友兰认识黄诚，知道黄诚的身份和政治倾向，但他在黄诚遇到危难时，只把他当作一个普通的清华学生，为他提供保护。面对国民党军警的搜捕，冯友兰坦然掩护黄诚的行为，在清华大学学生中影响很大。原清华学生黄秋耘，20 世纪 80 年代读到宗璞怀念其父冯友兰的文章后，曾在上海《文汇月刊》发表《血泪文章骨肉情》一文，重新提到冯友兰当年保护黄诚的义举："我在清华大学读书时，宗璞的父亲冯友兰老师是我们的文学院院长，当时我少年气盛，又是一个响当当的'左派'，对冯老师的哲学观我是不敢苟同的。但是在'一二·九'运动之后，1936年2月29日清华大学被国民党的军警大搜捕时，冯友兰冒着风险掩护一些'榜上有名'的同学，包括目标最大的黄诚同学，这是使我肃然起敬的义举。"黄诚同学后来离开学校，参加新四军，走上了抗日战场。皖南事变以后被捕，最终还是没有逃过国民党反动派的魔掌，牺牲时年仅二十七八岁。

与黄诚一起受到过冯友兰保护的另一位清华同学是姚依林。姚依林原名姚克广，他也是同黄诚一起，在冯友兰家中躲过国民党军警的大搜捕的。中华人民共和国成立以后，姚依林担任过国务院副总理、中国共产党中央政治局常委等职务，是共产党第二代领导集体中的重要成员。他也没有忘记冯友兰。他曾经亲自告诉冯友兰，自己就是当年和黄诚一起在冯友兰家中躲避军警搜查的那个学生。冯友兰当时只认识黄诚，还不认识姚依林。冯友兰去世之后，姚依林曾经送来花圈，表示对这位当年保护自己的清华师长的感激和怀念。

20世纪30年代清华大学的学生中，后来在中华人民共和国担任了高级领导职务的还有胡乔木。胡乔木原名胡鼎新，是30年代清华大学文学院史学系的学生。他在清华大学读书时，即开始从事革命活动。他曾经创办工友子弟夜校，在同学中间散发革命传单。后来，也是为了躲避国民党的迫害，离开学校，到南方去参加了革命。冯友兰没有谈及自己与胡乔木的来往，但胡乔木记得自己当年在清华学习时的文学院院长，是不必怀疑的。冯友兰晚年生活道路颇为坎坷，特别是"文化大革命"结束以后的一段日子里，生活、工作都曾面临许多困难。1985年，冯友兰已年届九十，仍然坚持写作。这一年，胡乔木曾亲自来到冯友兰家中，关心他的工作情况，并亲自致信北京大学，促其解决冯友兰工作中的实际困难。胡乔木造访冯府，可以理解为一位主管意识形态工作的共产党领导人关心冯友兰这位老知识分子。同时，似乎也可以理解为，这位20世纪30年代清华大学文学院史学系的学生，依然在惦记着自己当年的文学院院长。因为，冯友兰辞世之后，胡乔木在致冯友兰女儿宗璞的信中，不仅肯定冯友兰一生学术成就"可谓空前"，而且承认冯友兰在学术方面对自己的影响："我在中学时即受人生哲学课，所用教材即冯先生所著，对先生思路之清晰，文字之富于情趣，印象甚深。其后凡所见冯先生著作，无不阅读。"从这封信中也可以看到，胡乔木一生始终不曾忘记作为自己师长的冯友兰。

冯友兰游访欧洲一年，归国之后的思想使人们觉得"冯先生变了"；当冯友兰从保定监狱返回清华大学之后，又以行动向世人表明，冯先生没有变。其实，冯友兰对于生活的价值有他自己的理解，对于生活的方式有他自己的选择，他只能在自己的理解与选择中生活。

西南联合大学

洛阳文物一尘灰，汴水繁华又草莱。

非只怀公伤往迹，亲知南渡事堪哀。

这首诗是抗战时期冯友兰在清华大学文学院所在地湖南衡山所作。他把自己在抗战时期随学校南迁以后的生活，比喻为晋人的"南渡"和宋人的"南渡"。"南渡"生活，在冯友兰的人生旅途中是一段十分重要的历程。

在中国现代史上，中国人民被迫进行的抗击日本侵略者的战争，是一场敌我力量悬殊的战争。"七七"事变以后，日本侵略者在其全面展开的侵华战争中，不断吞蚀中国领土。1937 年 7 月 29 日，北平陷落，8 月 5 日，清华园被日军占领。当日本侵略军横行在华北大地上的时候，北平的一些高等学校，已经没有可能在炮火连天的环境中生存下去，不少学校转移到南方继续办学。清华大学正是在这样的形势下南迁的。与清华大学同时南迁的北方著名大学，还有北京大学和南开大学。

1937 年 8 月 28 日，国民政府教育部开始筹组由北京大学、清华大学、南开大学三校合并的长沙临时大学。冯友兰是与吴有训等人一起经天津前往长沙的。到了长沙以后，临时大学决定将文学院迁往南岳。冯友兰与临时大学文学院的师生一道，来到衡山脚下，在几间简陋的房屋中，开始新的学习生活。他曾用"遭逢世变，投止名山，荟萃斯文"十二个字来描述他在衡山的生活感受。事实确实如此。当时，汤用彤先生在衡山脚下简陋的房舍中坚持自己的佛学史研究，冯友兰则在衡山脚下开始写作《新理学》。

1937 年 12 月 24 日，日寇出动飞机轰炸长沙。临时大学决定迁往云南昆明。全校师生经数千里的艰苦跋涉，于1938 年 2 月开始陆续抵达昆明。1938 年 4 月 2 日，国民政府教育部电令长沙临时大学更名为西南联合大学。

与长沙临时大学相比较，西南联大规模有所扩展。除原有的文学院、理学院、法商学院、工学院以外，又新增设了师范学院，并开办了大学先修班、进修班。西南联合大学的领导机构则没有什么变化，仍由清华大学校长梅贻琦、北京大学校长蒋梦麟、南开大学校长张伯苓担任常务委员会常委，梅贻琦担任常务委员会主席，杨振声担任秘书主任。后来，蒋梦麟、张伯苓因为工作常在重庆，主持西南联大校务的主要是梅贻琦。

西南联合大学成立以后，对文学院的领导层进行了一些调整。1937年，清华、北大、南开三校组建长沙临时大学时，由胡适出任文学院院长。组建西南联合大学后，胡适还在国外。鉴于这种情况，联大决定在胡适归国以前，由冯友兰代理文学院院长职务。冯友兰在临时大学时期所担任的文学院哲学心理教育学系教授会主席的职务，则改由北京大学汤用彤教授接任。

西南联合大学成立以后，文学院、法商学院曾暂时在蒙自办学。冯友兰于1938年4月上旬抵达昆明，不久即到蒙自任教。授课之余，他又开始修改自己写于衡山脚下的《新理学》，继续以学术活动的方式投身伟大的抗日战争。冯友兰的这种工作动机和愿望，在《新理学》的石印本中，曾以诗的语言表达过：

> 印罢衡山所著书，
>
> 踌躇四顾对南湖。
>
> 鲁鱼亥豕君休笑，
>
> 此是当前国难图。

冯友兰在蒙自的工作和生活，曾给人们留下许多记忆。原清华大学文学院1934级学生孔祥瑛在20世纪90年代重访云南，后来写成《怀念"依附在祖国大地上"的冯友兰老师》一文。文中说她"在蒙自访问了当年的女生宿舍、教师们的故居和上课活动的海关大院。特别到了南湖。想当年师生们在敌报频传，风声雨声中，谈论国事，琅琅诵读。如今草长花飞安定祥和，那依依垂柳，潺潺溪流，应还记得不辍的弦歌。这里，处处留有冯先生和老师们的足迹"。

1938年8月23日，蒙自分校的课程结束之后，文学院和法商学院的师生即回到昆明，租用昆华工业学校的校舍继续办学。回到昆明以后，冯友兰一家先是租住在昆明城内的永登街，后来，为了躲避日寇的空袭又几度搬迁。战争年代，清华大学教职员工的生活条件，已大不如前。1937年，清华大学教师开始减薪，工资只发七成。在已经减少的工薪中，还需要支付不同名目的捐助，教师能用于生活的薪金已经不多。从1941年开始，学校虽又足额发放教师工资，但物价飞涨，足额发放的薪酬，实际含金量已大不如前。

在清华大学教授中，冯友兰属高薪层。但在战争年代，仅靠薪酬维持家计，也感到十分困难。当清华大学校长、西南联大常委梅贻琦的夫人韩咏华，不能不自己动手制作糕点出售，以缓手头拮据之时，冯友兰的夫人任载坤也在自家租住的院子里支起油锅，做起炸麻花的生意，以增加收入，补贴家用。冯友兰还曾计划参加西南联大卖字教授的队伍。为此，闻一多曾专门为冯友兰刻制了两枚印章，一为"冯友兰之铃"，一为"芝生"。后因抗战胜利，冯友兰这两枚印章才未在其赚取衣食之资时派上用场。

在昆明期间，冯友兰的母亲吴清芝不幸病逝。冯友兰赶回唐河料理母亲的后事。在怀念与悲苦中，写成了一篇脍炙人口的《祭母文》：

维人杰之挺生，皆造化之钟灵，但多伤于偏至，鲜能合乎中行：或仁爱而优柔，或刚断而寡情，或方正而迂阔，或干练而无诚，或豁达而疏略，或谨慎而不宏，或豪施而奢汰，或俭约而吝硁。惟吾母之懿质，集诸德之大成。使晚生以百祀，当女权之已明，作领袖于社会，宜冠冕于群英。值时代之不偶，屈长才于家庭，譬鹍鹏之巨翼，乃击水于池中，谢经国之远略，而造福于诸冯。闻吾母之来归，事重闻于高堂，作新妇之匝月，已见惊于族党，称才调为第一，父咏叹于篇章。父得助而高骞，乃游宦于武昌，受高贤之知遇，始为宰于崇阳，虽牛刀之小试，亦驹隙之不长，忽遘疾而奄化，坠鹏程于初翔。无一言之遗命，留群雏于孟光。扶一枢而北驾，备廉吏之凄凉。既相夫之已毕，惟事亲与抚孤，凛劲节于冬雪，存冰心于玉壶。终慈日之余辉，游儿曹于上都，虽节衣而缩食，惟馈给之无虚，不相累以庶务，令专志于远

图。……母永逝之匝月，儿始返于故枝，空抚棺而
长恸，悔九年之归迟！维抗战之七载，日仓皇于
乱离，虽春秋之代序，忘岁月之已驰，冀金萱之
长茂，忽承欢之及时，恨已往之不再，痛逝者之
难追……

冯友兰的《祭母文》，使一位杰出的中国女性形象跃然
纸上，曾感染过不少学识渊博的大家。朱自清曾有《读友
兰、景兰、淑兰昆季所述尊妣吴太夫人行状及祭母文，系之
以诗》：

> 饮水知源木有根，
>
> 瓣香贤母此思存。
>
> 本支百世新家庙，
>
> 昆弟三涂耀德门。
>
> 趋拜曾瞻慈荫暖。
>
> 论交深信义方惇
>
> 长君理学尤沾溉，
>
> 锡类无惭古立言。

这位在《背影》中描写过父子亲情的著名诗人和散文
家，因读冯友兰纪念母亲的文字而诗情奔涌，除了从《祭母
文》中发现冯友兰的哲学活动与他母亲的教养关联之外，大
概也是从这篇文字中感受到了母爱的伟大，人性的美好吧。

"贞元六书"

"南渡"生活，是冯友兰一生中最不安定的生活。但是，这样的生活并没有影响他的学术研究，反倒成了他一生中学术成就最为丰硕的时期。

清华大学南迁以后，冯友兰像一架写作的机器，基本上一年完成一部学术专著。他的"贞元六书"，大体上都是在"南渡"期间完成的。除此之外，他还写作发表了大量哲学、政论方面的文章。丰硕的学术成果，使冯友兰成为抗战时期中国学术界思想最为活跃，学术影响最为广泛的学者。

冯友兰生前曾经说过："余平生所著，三史六书耳。三史以释古今，六书以纪贞元。""三史"指他20世纪30年代完成的两卷本《中国哲学史》、20世纪40年代由美国麦克米伦公司出版的英文本《中国哲学小史》（中译本更名为《中国哲学简史》）、晚年完成的《中国哲学史新编》。"六书"即《新理学》《新事论》《新世训》《新原人》《新原道》《新知言》。"六书"写成于抗战时期，冯友兰期盼抗战促使国家民族的复兴，将抗战时期视为"贞下起元之时"，故"六书"又称"贞元六书"。

在"贞元六书"中，《新理学》成书于20世纪30年代，是冯友兰"新理学"思想体系的总纲和理论基石。在这部著作中，冯友兰通过分析的方法，规定诠释"理""气""真际""实际"等范畴，并通过这些范畴辨析事物的共相；以"有真者不必有实""是真者未必不虚"为据，辨析离"实"之"真"与离"气"之"理"，肯定共相的独立与实存，力图为"新理学"系统奠定一种形上学基础。

《新事论》一书，又名《中国到自由之路》，书中探讨的主题是社会文化问题。冯友兰在这部著作中认为，近代中国文化是"生产家庭化底文化"，近代西方文化乃"生产社会化底文化"，中国落后，是因为文化类型落后；发展中国文化，途径在于转变文化类型；转变文化类型的基础则在于生产的社会化。因此，冯友兰的《新事论》主张，现代中国应当在经济上赶紧使生产社会化。以文化类型说，否定"全盘西化论"和"中国文化本位论"，是《新事论》的一大理论特色，也是冯友兰对于中国文化建设的理解，有别于其他新儒家人物的地方。

《新世训》一书，问世于 1940 年。依照冯友兰自己的讲法，《新理学》"讲纯粹哲学"，《新事论》"谈文化社会问题"，《新世训》则专门讨论生活方法。在《新世训》中，冯友兰将"尊理性""行忠恕""为无为""道中庸""守冲谦""调情理""致中和""励勤俭""存诚敬""应帝王"等内容，均纳入生活方法的范围进行探讨，主张理性的生活，提倡生活方法不违背道德规律，肯定道德对于维系人们正常社会生活秩序的极端重要性。《新世训》中所探讨的生活方法问题，构成了冯友兰人生哲学的重要组成部分。

1943年6月，冯友兰的《新原人》正式出版。《新原人》论释人的本质与人生道德境界，被学术界认为是冯友兰"贞元六书"中最具学术价值的一部著作。在这部著作中，冯友兰认为，人的本质在于"觉解"。"觉"乃自觉，"解"是了解；人生的价值决定于人对于人生的觉解，表现为不同的人生境界。冯友兰把人生境界区别为"自然""功利""道德""天地"四种类型，认为只有生活在"天地境界"中的人，才能具备对于宇宙人生的最高"觉解"。因此，也只有生活在"天地境界"中的人，才能够正确地处理人与人的关系、人与社会的关系以及人与自然的关系，完全地理解人生的意义，圆满地实现人生的价值。

《新原道》，又名《中国哲学之精神》。冯友兰在这本书的《序》中说："此书之作，盖欲述中国哲学主流之进展，批评其得失，以见新理学在中国哲学中之地位。"在这部著作中，冯友兰将"极高明而道中庸"视为中国哲学的思想主流，并依据这个标准，解析在中国历史上形成的各家哲学理论，认为他自己的"新理学"继往开来，解决了高明与中庸、世间与出世间、内圣与外王的对立，弘扬了中国哲学的主要精神，展示了中国哲学的更新与发展。

《新知言》专门探讨哲学方法。冯友兰曾说："此书论新理学之方法，以其方法，亦可见新理学在现代世界哲学中之地位。"冯友兰在《新知言》中强调："一门学问的性质，与它的方法有密切的关系。"并认为"新理学方法"，吸纳了中西哲学方法中最为精粹的部分，将逻辑的方法与直觉的方法合而为一，乃"最哲学的形上学的方法"；而以"最哲学的形上学的方法"建构的"新理学"，也是当代"最哲学的哲学"，或"最哲学的形上学"。《新知言》一书，显露了冯友兰强烈的学术方法意识。这种方法意识也体现了冯友兰会通中西的文化主张，及其对于这种文化主张的具体实践与追求。

冯友兰一生著述繁富。在他的著述中，"贞元六书"构成了他的哲学体系，反映了他在哲学理论方面的创获，是他一生中最为重要的学术成果。而"贞元六书"全部是他在"南渡"生活期间完成的。恢宏的学术文化业绩，多成功于艰难困苦之中。这在中国历史与现实中屡见不鲜。南渡岁月，是冯友兰人生中最为艰难的时期；南渡岁月，也是冯友兰一生中学术成就最为丰硕的时期。

凤 凰 涅 槃

"虽信美而非吾土兮"是王粲《登楼赋》中的名句。1947年，冯友兰在美国讲学期间，常常想起王粲的《登楼赋》。当年，冯友兰之所以常常想起王粲的《登楼赋》，是因为随着国内政治局势的变化，自己的人生又面临新的转折。是留在美国，还是回到故土？现实需要他对自己的生活方式和人生道路，重新作出规划和选择。

1946年，冯友兰赴美，是应美国学者卜德（Derk Bodde）的邀请，去宾夕法尼亚大学担任客座教授，讲授中国哲学史。卜德乃冯友兰所著《中国哲学史》的英文翻译者，同冯友兰在中国哲学史研究方面，有着长期的合作关系。早在1945年9月，冯友兰还在昆明西南联大时，就接到了卜德从美国的来信。卜德在信中告诉冯友兰：由宾夕法尼亚大学聘请冯友兰去该校讲学。这当然是一个好消息。但冯友兰的心情却怎么也兴奋不起来。原因是他看到抗战虽然胜利了，但国共两党的矛盾却越来越趋尖锐。

冯友兰赴美之前心情不佳，但到美国以后的讲学活动，却十分成功。他在宾夕法尼亚大学讲授中国哲学史，同时，与卜德合作，继续翻译自己的《中国哲学史》的下半部分。

作为清华大学的代表，他参加普林斯顿大学建校二百年的纪念会，接受了普林斯顿大学赠予的名誉文学博士学位。

在宾夕法尼亚大学讲学期间，冯友兰结识了夏威夷大学校长。这位校长邀请冯友兰去夏威夷大学讲学。于是，从1947年秋天开始，冯友兰又开始在夏威夷大学担任客座教授。

冯友兰在美国讲学期间，国内局势正在发生巨大变化，人民解放军开始从战略防御转入战略进攻。不少朋友劝他留在美国生活，但他没有听从朋友们的劝告，决定回国。因为，国外的生活使他强烈地感受到，中国人只有把自己的国家建设好，在世界上才会有中国人的地位，才会有中国文化的地位。1948年3月，冯友兰回到了饱受战乱摧残的祖国，回到了自己热爱的清华大学。

1948年底，国民党政府筹划清华大学迁校，派陈雪屏来到清华大学，动员清华大学教授南迁。一些人离开了清华大学，离开了中国内地。在这些出走的人员中，包括清华大学校长梅贻琦。梅贻琦离开清华大学以前，曾告诉冯友兰，自己去意已定，希望冯友兰自己珍重。梅贻琦知道冯友兰已决定不离开清华大学，不离开中国内地。

梅贻琦离校以后，冯友兰再次被推举为清华大学校务会议临时主席。他一方面组织师生照常上课，一方面组织学校保卫委员会，维持校内秩序，保护学校的资产。1948年底，国民党守军一度在清华园中布置炮兵。冯友兰担心清华园焚于战火，同国民党军官交涉，希望他们不要在校园内布置阵地，以免战争使清华园的建筑遭受损失，后来终于获得成功。1949年1月10日，清华大学被人民解放军正式接管。冯友兰以清华大学校务会议主席的身份，在清华大学师生员工大会上宣布，清华大学成为人民政府的大学。

这时他在清华大学已工作了二十多年。

新中国成立前在清华大学的二十年，是冯友兰人生历程中的一个重要阶段。冯友兰曾两度以校务会议主席的身份，主持清华大学的校务，实际上全面参与了清华大学的建设与管理工作，对清华大学的发展是有贡献的。

在清华大学这所人才济济的著名学府中，冯友兰能够长期工作在领导岗位上，与他才思敏捷，办事干练，并在学术研究方面取得了巨大成就，深受教授会拥护是分不开的。

清华大学文学院的教师队伍中，不乏多才多艺的饱学之士。就是在这样一个高层次的知识分子群体中，冯友兰学贯中西，在学识方面仍显得十分突出。长沙临时大学文学院在衡山办学时，历史系教师容肇祖曾经将文学院十几位教师的姓名连缀成诗，读来颇有意趣。据说，一位英籍青年教师威廉·燕卜孙，其名难以入诗。于是容肇祖去请教冯友兰，冯友兰即以金岳霖、刘寿民、杨业治、燕卜孙四人的名字连缀成诗：

> 久旱苍生望岳霖，
>
> 谁能济世与寿民。
>
> 汉家重现王业治，
>
> 堂前燕子已卜孙。

词句典雅，对仗工整，文意连贯，深为同事们所称道。

冯友兰长于哲思，工于文字，被人誉为"大手笔"，还有一例，即是冯友兰撰写的《西南联合大学纪念碑碑文》：

> 中华民国三十四年九月九日，我国家受日本之降于南京。上距二十六年七月七日卢沟桥之变，为时八年；再上距二十年九月十八日沈阳之变，为时十四年；再上距清甲午之役，为时五十一年。举凡五十年间，日本所鲸吞蚕食于我国家者，至是悉备图籍献还。全胜之局，秦汉以来，所未有也。国立北京大学、国立清华大学，原设北平；私立南开大学，原设天津。自沈阳之变，我国家之威权逐渐南移，惟以文化力量，与日本争持于平津，此三校实为其中坚。二十六年，平津失守，三校奉命迁于湖南，合组为国立长沙临时大学，以三校校长蒋梦麟、梅贻琦、张伯苓为常务委员，主持校务，设

法、理、工学院于长沙，文学院于南岳，于十一月一日开始上课。迨京沪失守，武汉震动，临时大学又奉命迁云南。师生徒步经贵州，于二十七年四月二十六日抵昆明。旋奉命改名为国立西南联合大学，设理、工学院于昆明，文、法学院于蒙自，于五月四日开始上课。一学期后，文、法学院亦迁昆明。二十七年，增设师范学院。二十九年，设分校于四川叙永，一学年后，并于本校。昆明本为后方名城，自日军入安南、陷缅甸，又成后方（"后方"应为"前方"）重镇。联合大学支持其间，先后毕业学生二千余人，从军旅者八百余人。河山既复，日月重光，联合大学之战时使命既成，奉命于三十五年五月四日结束。原有三校，即将返故居，复旧业。缅维八年支持之苦辛，与夫三校合作之协合，可纪念者，盖有四焉。我国家以世界之古国，居东亚之天府，本应绍汉唐之遗烈，作并世之先进。将来建国完成，必于世界历史，居独特之地位。盖并世列强，虽新而不古；希腊、罗马，有古而无今。惟我国家，亘古亘今，亦新亦旧，斯所谓"周虽旧邦，其命维新"者也。旷代之伟业，八年之抗战已开其规模，立其基础。今日之胜利，于我国家有旋乾转坤之功，而联合大学之使命，与抗战相终始。此其可纪念者一也。文人相轻，自古而然，昔人所言，今有同慨。三校有不同之历史，各异之学风，八年之久，合作无间。同无妨异，异不害同；五色交辉，相得益彰；八音合奏，终和且平。此其可纪念者二也。万物并育而不相害，道并行而不相悖，小德川流，大德敦化，此天地之所以为大。斯虽先民之恒言，实为民主之真谛。联合大学以其兼容并包之精神，转移社会一时之风气，内树学术自由之规模，外来"民主堡垒"之称号，违千夫之诺诺，作一士之谔谔。此其可纪念者三也。稽之往史，我民族若不能立足于中原，偏安江表，称曰南渡。南渡之人，未有能北返者：晋人南渡，其例一也；宋人南渡，其例二也；明人南渡，其例三也。"风景不殊"，晋人之深悲；"还我河山"，宋人之虚愿。吾人为第四次之南渡，乃能于不十年间，收恢复之全功。庾信不哀江南，杜甫喜收蓟北。此其可纪念者四也。联合大学初定校歌，其辞始叹南迁流离之苦辛，中颂师生不屈之壮志，终寄最后胜利之期望。校以今日之成功，历历不爽，若合符契。联合大学之终始，岂非一代之盛事，旷百世而难遇者哉！爰就歌辞，勒为碑铭，铭曰：痛南渡，辞宫阙。驻衡湘，又离别。更长征，经峣嵲。望中原，遍洒血。抵绝徼，继讲说。诗书丧，犹有舌。尽笳吹，情弥切。千秋耻，终已雪。见仇寇，如烟灭。起朔北，迄南越，视金瓯，已无缺。大一统，无倾折。中兴业，继往烈。维三校，兄弟列，为一体。如胶结，同艰难，共欢悦，联合竟，使命彻，神京复，还燕碣。以此石，象坚节，纪嘉庆，告来哲。

这篇碑文，写出了抗战时期西南联大师生的艰难与困苦、成就与辉煌，也写出了西南联大师生的使命与期盼。整篇文字，清新隽永，如歌如泣。既使人能够感受到一种文化传统的生命，一种亢奋的民族精神，也使人能够体验到中国人民深沉的历史感悟和博大的人生襟怀。

后来，人们在新的时代条件下，重新意识到冯友兰撰写的这篇碑文，以古朴典雅的文笔记述了一段历史，具有重要的留存价值。于是，北京大学与原西南联大的校友们于1989年作出决定，将立于现今云南师范大学校园内的西南联大纪念碑复制后立于北京大学未名湖西北处。今天，那些有幸在北大未名湖畔漫步的中外学人，将从这篇碑文中直接地了解冯友兰的人品与气质，领略冯友兰的学识与才情。

冯友兰对清华大学建设的直接贡献，是他长期主持清华大学人文学科的建设工作，力图在清华大学的人文学科建设中，融会中西，使中国的人文学科，具备现代科学文化的类型与特质。

　　为了把清华大学文学院建设成一个具有鲜明特色的学术集体，冯友兰在延揽青年学者方面，做过许多有益的工作。钱锺书先生进入清华大学执教即是一例。钱锺书先生1933年毕业于清华大学文学院外文系，1935年进入英国牛津大学学习。1938年钱锺书先生从法国归国，清华大学即聘其为教授。清华大学能聘请钱锺书先生为教授，冯友兰的作用十分重要，因为他是文学院院长。为了聘请钱锺书来清华任教，冯友兰曾亲自给钱锺书写信，希望他接受聘请，并且告诉他，清华大学直接聘其为教授是破例的事。钱锺书先生的夫人杨绛也曾说到冯友兰当年对钱锺书先生的提携和帮助。

　　人们对历史事件与历史人物的了解，总是离开历史事件和历史人物的时间越远，越是能够接近事件与人物的真相与本质，越是能够了解事件与人物的意义与价值。在新中国成立五十周年的时候，国家曾表彰为我国"两弹一星"事业作出了重要贡献的二十多位科学家。后来人们惊奇地发现，这些受表彰的科学家中，竟有近半数的人出身于清华大学叶企荪教授之门。于是人们谈论"名师是一面旗""名师是一盏灯",大讲"名师"效应。其实,当年在清华大学,叶企孙与冯友兰,一为理学院院长,一为文学院院长,二人的作用与地位应当是相等的。叶企孙先生为国家民族培养了一批自然科学领域的高级人才,这是不争的事实,理应受到国家和民族的敬重。同样的道理,人们也不应忘却冯友兰在清华大学为造就中国人文科学领域中的精英所作出的努力与贡献。

1995年12月,清华大学举办纪念冯友兰百年诞辰学术讨论会。会议期间,原清华大学文学院的一些毕业生联合署名宣读了一篇纪念文字,文中说:"冯友兰先生任文学院院长十八年,在此期间,延聘学者,奖掖人才,并提出释古的观点,主张对历史要作同情的了解。他与清华诸师长一起,开一派之学风,在文史哲各方面钻研精进,形成了清华学派,后人总结为四个要点:中西结合,古今结合,宏观与微观结合,海派活泼创新的见解与京派扎实严肃的研究相结合,为我学术界、教育界作出了多方面的贡献……在我们纪念冯友兰先生时,我们不只记住了他的哲学和他对哲学史研究的贡献,我们还记住了他和师长们一起用心血灌注的清华文学院。如果后人纪念我们,也希望不只记住我们的专业,也记住清华文学院。"

在这封纪念信上署名者是清华文学院1933年至1951

年间毕业的部分学生：曹禺（万家宝）、林庚、季羡林、赵萝蕤、端木蕻良（曹京平）、魏蓁一（韦君宜）、唐稚松、英若诚、文洁若、宗璞、资中筠等。人们只要看看这份签字名单，即可知道清华文学院出身的人物，在当代中国学术文化领域乃至于科学领域中的重要地位了。清华学派是清华大学文学院师生用心血浇灌的学术之花。这朵学术之花并没有凋谢，还在盛开着；作为清华文学院出身的曹禺等人，对这朵学术之花当然会倍加珍惜。因此，他们才怀念自己的老院长冯友兰，才呼吁人们不要忘记清华大学文学院。

清华大学获得了新生，冯友兰也结束了自己在旧清华大学的生活。在旧清华大学二十年的生活，冯友兰虽然遭遇了许多个人无法左右的艰难与曲折，但他在学术与事业两方面都获得了辉煌的成就。这使得冯友兰终生怀念自己人生中这段重要行程，认定自己在清华大学的二十年是一生中最为愉快的日子。

第6章

重返北京大学

"三反""五反"

1949 年 1 月 10 日，北平军管会文化接管委员会接收清华大学，其后不久，成立了清华大学新的校务委员会。新校务委员会的组成人员为：文学院院长冯友兰，理学院院长叶企荪，法学院院长陈岱荪，工学院院长施嘉炀，农学院院长汤佩松，教务长霍秉权，秘书长沈弗斋。在这个七人委员会中，主席为冯友兰。

当时，校务委员会的工作关系到全校师生的切身利益，人们对校务委员会工作的议论颇多，校务委员会在这种新旧交替的时候，对教职员工行为的约束又十分有限。清华大学教职员中，曾经发生过人民政府已经决定给予学校经济上的支持之后，仍然有人去领取南京国民党政府原已下拨的办学经费的事件，引起了不少矛盾。冯友兰在清华大学曾数次出任校务委员会主席，主持全校工作；相比较而言，大概要以他1949年初担任清华大学校务委员会主席时工作难度最大了。

工作中的困难，使冯友兰亲身体会到了在清华大学"教授是神仙""学生是老虎""办事人员是狗"的滋味。他清楚全校师生在这个非常时期，很难满意自己和校务委员会的工作。他希望新政府早日派人主持清华大学的工作，而对于自己的生活，倒考虑不多。

1949年9月，冯友兰由于"思想上跟党不合"，被批准辞去清华大学校务委员会委员、文学院院长、哲学系系主任等职务。他开始了解人民政府对自己的真实看法，意识到自己不应再以旧经验去理解新社会，而应当以新的态度，去面对新社会中的生活。

冯友兰从思想上进行自我批判，始于1949年下半年。这时候，新政府不仅接受了冯友兰的辞职请求，而且明确地要求冯友兰"反省自己的反动言行"。

1950年初，冯友兰在《新华月报》上发表《一年学习的总结》。在这篇文章中，冯友兰除了肯定新中国的每一个人都在进步之外，公开承认了自己过去的不进步。

为了更好地适应新社会中的生活，冯友兰不单注意检讨自己的过去，也开始注意参加新的社会活动。1950 年 1 月，他报名参加北京郊区的土改工作。当时，新政府号召高等院校的师生积极参加土改工作，但参加者多为青年学者。当时，清华大学哲学系教授中，报名参加土改的只有冯友兰。

投身土地改革工作，以实际行动表明自己与旧的社会制度和思想观念决裂，这对于冯友兰继续在清华大学的工作和生活不无帮助。尽管冯友兰回到清华大学不久，人们即开始批判其学术思想。但是，他仍然被允许参加一些重要的政治活动和学术活动。他曾被作为特邀代表参加河南省人民代表会议，并当选为主席团成员，参与讨论河南的土地改革工作。在学术方面，冯友兰开始参加中国新哲学研究会的活动。除此之外，他还作为中国文化代表团的成员访问了印度和缅甸。

冯友兰出国后不久，国内开始"三反""五反"运动。1952 年 1 月底，冯友兰回到清华大学。在运动中，他的工作仍然是检讨自己过去的"反动言行"，但这种检讨的形式和过去已有所不同。他在检讨自己"反动言行"的同时，还必须接受别人对自己"反动言行"的批判。这种批判，使冯友兰突然之间觉得清华园中的人与人之间是如此隔膜，如此疏远，如此陌生！他有一种脱离集体的孤独，感受到一种被遗弃的无奈。他不再留恋清华园，他想离开清华大学。冯友兰晚年讲到自己在清华大学的这种处境时，曾自比"弃妇"。说自己当时不仅想离开清华大学，甚至想自谋职业，自己去安排自己的生活。冯友兰自谋职业的想法最终并未实现。1952年全国高等院校进行调整时，他离开了清华大学，但这种离开并非完全决定于冯友兰自己，而是由组织安排的。

四 级 教 授

1952年9月，冯友兰正式离开执教二十多年的清华大学，调往北京大学哲学系。当时，教育部决定清华大学的文科和部分理科学系并入北京大学。冯友兰重回母校任教，这在他的人生旅途中也是一段颇有意义的旅程。

由于高校院系调整以后的北京大学，迁移到原燕京大学的校址办学，在生活环境方面，冯友兰实际上又回到了自己从前生活过的地方。因为，1928年冯友兰是辞去燕京大学的教职到清华大学任教的。当时的清华大学与燕京大学仅一墙之隔，只不过随着时代的变迁，如今清华大学的近邻变成了北京大学而已。世间不论是事物的变迁，还是人生的经历，都不乏"循得旧迹回来"的事例。但是，"循得旧迹回来"，又并非真正的"循得旧迹回来"。因为，在事物的变迁与人生的经历中，总是会增添新的内容。那种貌似回复到原点的变迁与经历，实际上已经发生了性质的变化。在这次高校院系调整中，冯友兰重返北京大学，比起他当年进入北京大学学习和进入燕京大学工作时，处境与心情已经截然不同了。

当时，北京大学的政治气氛比起清华大学来毫不逊色。冯友兰长期担任清华大学文学院院长，并当选过旧中国中央研究院院士，在学术界影响很大。在清华大学时，他已被确定为必须检讨过去"反动言行"的人物，在"三反""五反"运动中，又受到过人们的激烈批判。冯友兰的这种身份和处境，并没有因为他调入北京大学而有所改变。在北京大学的教师队伍中，他依然属于被批判和被改造的对象，而不是被依靠和被重用的人物。冯友兰进入北京大学后这种身份和处境的具体体现，是他被北京大学评定为四级教授。

新中国成立以后，从 1952 年 7 月开始调整高校教师工资。当时国家为高等学校教师制定了新的工资标准，将高校工作人员的工资分成了不同级别。北京大学原来也计划从 7 月份开始教职员工的工资调整工作，由于院系调整工作也在这段时间开始启动，北京大学的工资调整工作延迟到 1952

年的 11 月份正式开始。当时学校明确提出，评定一些有影响的教授的工资级别，既要照顾到不同的阶层和原来的学校，也要考虑其学术造诣和社会威望等方面的因素。依照当时北京大学在工资调整中的这些具体政策，冯友兰无论如何是不应仅仅享受四级教授的生活待遇的。因为不论从阶层、原学校还是社会影响来考虑，冯友兰在北京大学哲学系教师中都应成为受到照顾的对象，但事实并非如此。

被评定为四级教授，对冯友兰是另外的一种打击。在思想上受到严厉批判的同时，生活上又受到不公正的待遇，更增加了他内心的痛苦。这种痛苦，不单是因为生活待遇的降低，更重要的是冯友兰意识到自己在新社会的地位和作用贬值了。这对于在学问和事功两个方面都十分自负的冯友兰而言，当然难以接受；不愿接受的事实，确实变成了事实，这不能不增添冯友兰的失落感。

冯友兰以四级教授的身份在北京大学生活的时间不长，1954 年北京大学重新把冯友兰评定为一级教授。从 1952 年到 1954 年，冯友兰在北京大学的生活待遇如此悬殊，大概有两个方面的原因：一是冯友兰虽然对自己的四级教授身份"很不满意"，但并没有在生活中消沉，他除了继续自己的中国哲学史研究以外，仍然在努力阐释自己对新中国的认识和理解，注意以实际工作为新中国的建设事业服务；二是当时北京大学的领导集体，比较注意正确地贯彻落实党的知识分子政策，注意团结一切可以团结的力量去创办新的北京大学。

冯友兰被评定为一级教授以后，他的工作情况与政治待遇也有了一些变化。从1954年开始，冯友兰担任了北京大学哲学系中国哲学史教研室主任。一个大学中的教研室主任，谈不上很高的行政级别，但在当时的北京大学哲学系，冯友兰被任命为中国哲学史教研室主任，标志着北京大学认可和肯定了冯友兰在这一学科领域中的学术地位。因为，当时国内最优秀的中国哲学史方面的学者和教授都集中在北京大学哲学系。与此同时，冯友兰也被邀请参加一些重要的政治理论研究活动。1954年初，他多次参加宪法草案初稿讨论会。与冯友兰一同参加这种讨论会的教育界和学术界的人士还有翦伯赞、汤用彤、陈岱荪、郑昕、李达、张友渔、杨秀峰、钱端升等。1955年，冯友兰被聘为中国科学院哲学社会科学学部委员。后来，他还被增补为哲学社会科学学部常务委员。

"家有万贯，膝下无子"

1956年1月，党中央召开了有关知识分子问题的专门会议，全国掀起了"向科学进军"的热潮。冯友兰的工作也出现了一些新的气象。此时，他已经正式开始思考新中国的中国哲学史学科建设，他的身份以及北京大学哲学系在人事安排方面也出现了一些变化。这些变化使得冯友兰对于中国哲学史学科建设思考的意义也有所不同。

北京大学哲学系在人事安排方面的调整，与中国科学院哲学研究所的成立有关。中国科学院哲学研究所成立以后，金岳霖先生调任哲学研究所副所长，贺麟先生调任哲学研究所西方哲学史组组长，冯友兰被中国科学院哲学研究所聘为兼职研究员、中国哲学史组组长。但冯友兰仍是北京大学哲学系教授，并担任北京大学哲学系中国哲学史教研室主任。

当时，北京大学哲学系和中国科学院哲学研究所，是中国哲学史工作者比较集中的地方。冯友兰同时担任了这两个单位中国哲学史学科的领导人，在某种意义上可以说冯友兰在中国哲学史这一学科领域又居于一种领导地位。这样的身份使得他思考中国哲学史学科建设的意义，已不限于北京大学哲学系的中国哲学史学科建设，而是关系到新中国的中国哲学史学科建设了。

北大哲学系的中国哲学史研究，重点在编写新的中国哲学史教材。1956年初，冯友兰多次主持哲学系中国哲学史教研室会议，讨论教材编写问题。按照他当时的设想，新中国的哲学史学科建设，可以"分路进军"，即先由一部分人做文献资料方面的整理工作，同时集中一部分人编写中国哲学史的通史性教材；然后在深入研究的基础上，写出高质量的中国哲学史断代史、专题史研究方面的著作，以及多卷本的中国哲学史通史性著作。

由于历史的原因，冯友兰1956年在北京大学组织编写中国哲学史的工作最终未能形成系统的认识成果。但从冯友兰在这一时间段内的工作计划和思路，我们又看到了他在学术活动中驾驭全局的工作能力和魄力，也看到了他对新中国学术文化建设的热情与希望。

这一时期，冯友兰在组织编写中国哲学史教材的同时，还提出了培养学术事业接班人的问题。他在同北京大学副校长江隆基的一次谈话中，曾毫无顾忌地表示自己"家有万贯，膝下无子"，希望学校和组织为自己配备学术工作助手。江隆基对冯友兰"家有万贯，膝下无子"的说法感触很深，曾多次在校系干部会上引用冯友兰的这一说法，提请大家注意培养学术事业接班人的问题。

不知道是否与冯友兰"家有万贯，膝下无子"这种说法有关，北京大学在1956年8月确有一个为北大教师中的中科院学部委员和著名教授配备学术工作助手的决定。北大教务处拟定了配备学术工作助手的三十九位教授的名单，他们是：乐森母、冯友兰、冯承植、周培源、段学复、江泽涵、许保骙、绕毓泰、王竹溪、胡宁、黄昆、叶企荪、李继侗、陈桢、张景钺、汤佩松、张青莲、傅鹰、黄子卿、翦伯赞、魏建功、王力、季羡林、马寅初、汤用彤、向达、李汝祺、赵以炳、游国恩、杨晦、邢其毅、严仁赓、马坚、朱光潜、熊十力、庄圻泰、程民德、闵嗣鹤、申又枨。从这份名单中，我们看到冯友兰被放置在一个十分显著的位置。

"家有万贯，膝下无子"这一说法，既表达了冯友兰的一种忧患，又表达了冯友兰的一种自信。冯友兰的忧患，实际上是对新中国文化学术事业的一种关怀。因为在冯友兰看来，新中国成立以后，高等院校中还没有真正把学术建设提到议事日程上来。这种现状，与新中国文化学术事业发展的宏伟目标显然是不相适应的。这种忧患，体现了中国知识分子"先天下之忧而忧，后天下之乐而乐"的优良传统。冯友兰的自信，则是他在学术方面的一种自我肯定。他相信中国知识分子的学识与才能，相信中国知识分子能够担负起建设新中国学术文化的历史使命；也相信自己作为中国知识分子群体中的一员，能够为新中国的学术文化事业作出应有的贡献。

大概是出于学术上的这种自信吧，1956年，冯友兰出席在瑞士日内瓦召开的国际文化交流会议期间，又致信美国友人卜德，告诉他，自己已调入北京大学工作，专业仍是中国哲学史。并告诉卜德，自己正计划用马克思主义的观点重新写作中国哲学史，希望这部著作的英文版仍由卜德主译。从冯友兰 1956 年的哲学史研究计划中，我们可以看到他当时在学术工作方面的信心。

学 术 良 心

1956 年，中国知识分子意气风发，奋起"向科学进军"，但这种大好形势并未持久。1957 年，全国展开大规模的"反击右派分子猖狂进攻"的斗争，许多知识分子因被划成右派而失去了工作的权利。在反右斗争中，冯友兰谨言慎行，学术思想却异常活跃，始终不曾停止过对新中国学术文化建设的思考。

冯友兰对新中国学术文化建设的思考，主要是围绕中国哲学史研究的理论和方法问题进行的。自从他担任北京大学哲学系中国哲学史教研室主任，并兼任中科院哲学所中国哲学史组组长职务以后，即开始思考在新的时代条件下，如何开展中国哲学史研究。1956 年 11 月，冯友兰在北京大学主持哲学系中国哲学史教研室工作会议，议题即是筹组全国性的学术座谈会，以便集思广益，深入地研讨中国哲学史研究的理论和方法问题。

冯友兰拟议中的这次学术座谈会于 1957 年 1 月下旬在北京大学召开，名为"中国哲学史座谈会"。但实际与会者，除了中国哲学史方面的专家学者之外，也有西方哲学史工作者和哲学工作者，他们都是当时中国哲学界和哲学史界的精英人物。座谈会召开的时候，反右斗争还没有开始，人们在"百花齐放，百家争鸣"方针的鼓舞下，沉浸在"向科学进军"的憧憬和激情之中。与会者针对日丹诺夫的哲学史定义，结合我国哲学史研究工作的实际，畅所欲言，广泛地讨论了哲学史研究的理论原则和思想方法问题。

当时，人们关注的哲学史研究方法问题主要是：关于中国哲学史研究的对象和范围问题；关于中国哲学史的特点问题；关于中国哲学史上唯物论和唯心论的关系问题；关于中国哲学遗产的继承问题；关于唯心主义哲学社会作用的估价问题等。在北京大学召开的"中国哲学史座谈会"上，学者们的议论则主要集中在两个问题：一是关于唯心主义的评价问题；二是关于中国哲学遗产的继承问题。座谈会期间，在这两个关系到能否科学地开展中国哲学史研究的原则问题上，提出独立见解的三位学者即冯友兰、贺麟和陈修斋。

贺麟和陈修斋是西方哲学史研究方面的专家，他们在"中国哲学史座谈会"上，主张对唯心主义哲学给予正面的评价。他们的这种学术观点，并不是在这次座谈会上首次提出来的。1956年，他们在《哲学研究》上联名发表了《为什么要有宣传唯心主义的自由》一文。文章认为，哲学史研究不应否定哲学发展的历史，不应否定新的现实的哲学理论与历史上的哲学理论之间的内在联系，唯心主义哲学也有正面的认识价值，应当得到肯定。在"中国哲学史座谈会"上，贺麟发言的内容仍然是呼吁对唯心主义哲学进行公正的评价，明确地反对在教条式的哲学史观指导下，理解唯物论与唯心论的斗争，估价唯心主义的价值。

贺麟的发言受到批评之后，陈修斋明确地支持贺麟的观点。他不赞成在哲学史研究中，把唯物论与唯心论同正确与错误等同起来。认为这种等同不符合事实，也不利于科学地评价唯心主义。贺麟、陈修斋在"中国哲学史座谈会"上的主张，后来曾长期受到批判。

冯友兰则在"中国哲学史座谈会"上提出了如何继承中国哲学遗产的方法问题。这个问题实际上同正确评价唯心主义的问题是相关联的。新中国成立以后，哲学史界受苏联哲学史观念的影响很深。20世纪40年代后期，苏联学术界围绕西欧哲学史研究开展过一些讨论。当时在苏联党内主管意识形态工作的书记日丹诺夫有一个《在西欧哲学史讨论会上的发言》。在这个发言中，日丹诺夫认为，哲学史主要是唯物论的发展史。在他看来，哲学史上真正有理论价值的哲学形态，只能是科学的唯物论的胚胎和萌芽。除此之外，其他的哲学理论形态均在非科学之列。这样的哲学史观，不仅把人类哲学发展史的丰富内容单一化，否定唯心主义哲学或其他形态的哲学在人类认识史上应有的地位与价值，而且诱导人们对哲学史的研究采取简单化和教条化的方式。冯友兰提出继承中国哲学遗产的方法问题，实际上表达了他对当时哲学史研究状况和方法的不满。

冯友兰关于如何继承中国哲学遗产的主张，也不是在"中国哲学史座谈会"上第一次提出来的。1956 年 11 月 16 日，冯友兰应邀到中国人民大学哲学系做学术讲演，题目即是《中国哲学史中思想的继承性问题》。1957 年 1 月，冯友兰将在人民大学的讲演稿在《光明日报》发表，题目修改为《中国哲学遗产底继承问题》。后来，冯友兰在"中国哲学史座谈会"上做大会发言，再一次就中国哲学遗产的继承问题发表了自己的意见，引起了与会学者的热烈讨论。

冯友兰认为，要科学地继承中国哲学遗产，必须区别哲学命题的抽象意义与具体意义。在他看来，哲学史中的哲学命题，一般都有其抽象的意义，也有其具体的意义。在哲学史研究中，只注重哲学命题的抽象意义，或者只注重哲学命题的具体意义都是片面的。因为，只注重哲学命题的抽象意义，会对历史上的哲学肯定过多；如果只注重哲学命题的具体意义，则会对历史上的哲学理论否定太多，那样的话，就没有什么哲学遗产值得继承了。因此，冯友兰主张对哲学命题的抽象意义和具体意义加以区别，从哲学命题的抽象意义方面思考对哲学遗产的继承。

怎么样从抽象意义上思考对哲学遗产的继承呢？冯友兰在《中国哲学遗产底继承问题》中举了一个具体例子："《论语》中所说的'学而时习之，不亦说乎'，从这句话的具体意义看，孔子叫人学的是诗、书、礼、乐等传统的东西。从这方面去了解，这句话对于现在就没有多大的用处，不需要继承它，因为我们现在所学的不是这些东西。但是，如果从这句话的抽象意义看，这句话就是说：无论学什么东西，学了之后，都要及时地、经常地温习和实习，这就是很快乐的事。这样的了解，这句话到现在还是正确的，对我们现在还是有用的。"冯友兰这种区别哲学命题抽象意义和具体意义，从抽象意义的角度评价哲学命题的正面价值的观念一经提出，立刻招致了哲学界一些人士的尖锐批评。因为，冯友兰的这种继承哲学遗产的观念会否定哲学的党性原则，承认存在对所有阶级都有用的哲学命题。

冯友兰提出区别哲学命题的抽象意义和具体意义，主张从哲学命题的抽象意义方面肯定其正面价值时，也曾意识到自己的观念会导致否定哲学阶级性的结论。于是，冯友兰在论及中国哲学遗产继承问题的时候，明确地宣称自己认为历史上形成的哲学思想中，"有为一切阶级服务的成分"，并且援引《庄子·胠箧》中的故事论证自己的观点。《庄子·胠箧》中有一则故事说，盗跖的徒众问盗跖："盗亦有道乎?"盗跖回答说："何适而无有道邪? 夫妄意室中之藏，圣也；入先，勇也，出后，义也；知可否，智也；分均，仁也。五者不备而能成大盗者，天下未之有也。"于是庄子依据盗跖"盗亦有道"的观念得出自己的结论："善人不得圣人之道不立，跖不得圣人之道不行。"意为善良的人不懂得圣人的道理无法造就自己美好的人格，强盗不懂得圣人的道理也无法去做强盗。冯友兰认为，《庄子》上的这段话，可以说明哲学思想中，有为一切阶级服务的成分。

冯友兰关于如何继承中国哲学遗产的主张，在学术界曾面临一片喊打之声，批判文章连续不断。1957年反右派运动斗争以后，冯友兰也曾被迫对自己关于中国哲学遗产继承问题的观点进行检讨，但他对于自己的主要观点从来没有放弃过。冯友兰晚年在谈及《中国哲学遗产底继承问题》这篇文章时，仍然认为这篇文章的基本主张是可以成立的。

当中国恢复实事求是的思想路线以后，人们对冯友兰在20世纪50年代关于中国哲学遗产继承问题的思考和主张，作出了很高的评价。海外学者认为，冯友兰提出"抽象继承法"，表现了冯氏的学术良心；大陆学者认为，冯友兰提出"抽象继承法"，是用"曲笔"反对当时哲学史研究中的教条主义，反对糟蹋中国的文化资源。这些评价都肯定了冯友兰在学术问题上，独立思考，力求科学地清理民族哲学遗产的勇气与动机，再现了冯友兰在一种特殊的时代氛围中，对自己的民族文化高度的责任意识和深沉的挚爱之情。

"树立一个对立面"

北京大学的反右派斗争，于1958年初进入尾声。冯友兰虽然侥幸地未被划入北京大学庞大的右派分子队伍之列，但反右派斗争结束以后，他仍然需要自我批判和接受别人的批判。其原因之一，就是当时中国的政治生活中"运动接着运动"。

北京大学的政治运动，服从于当时整个中国的政治文化背景。反右派斗争还没有完全结束的时候，即1957年12月12日，《人民日报》发表了一篇社论，题目是《必须坚持多快好省的方针》。这篇社论提出了多、快、好、省地建设社会主义的主张，拉开了新中国历史上"大跃进"运动的序幕。在1958年5月5日至23日召开的中共八届二次会议上，制定了"鼓足干劲，力争上游，多快好省地建设社会主义"的总路线。于是全国擂响了"大跃进"的战鼓，使中国人民开始了长达三年之久的"大跃进"运动，步入了一段"一天等于二十年"的特殊岁月。

北京大学作为新中国的最高学府，学术力量居全国高校之首，政治方面也常常在国内领风气之先。1958 年 2 月 28 日，北京大学党委召开直属支部委员以上干部会议，会议也邀请行政、工会、学生会、民主党派等各方面的负责人参加。校党委书记陆平在会上作报告，提出北京大学如何深入整改和全面跃进的问题，号召北京大学师生开展一个反保守、反浪费，比先进、比多快好省的群众运动。运动要以反保守、反浪费为纲，使学校工作来个大飞跃。

陆平在报告中指出，运动的锋芒不仅仅是指向人力、物力、财力的浪费，而且要就办学的根本道路和基本方法进行大辩论。克服阻碍学校前进的资产阶级思想，扫清官气、暮气、骄气、阔气、娇气，贯彻社会主义的办学路线和方针，使学校真正成为为国家培养又红又专干部的社会主义大学校。

当中共中央于 1958 年 3 月 3 日发表关于"双反"（反浪费反保守）运动的指示以后，北京大学又迅速采取了贯彻落实中央指示的行动。先是在 3 月 5 日召开校务委员会扩

154

大会议，由陆平在会议上作北京大学如何深入整改和全面跃进的报告，与会者还围绕深入整改和全面跃进问题进行了讨论。紧接着在 3 月 7 日，北京大学团委召开了全体团干部参加的反浪费反保守誓师大会；3 月 10 日，北京大学全体师生员工举行反浪费反保守誓师大会。

在这次誓师大会上，陆平对北京大学两条道路斗争的性质和形式进行了具体说明。陆平认为，两条道路的斗争虽然属于人民内部矛盾，但反映到了学校工作的各个方面。譬如说，在教育方针上要不要理论与实际相结合，在百家争鸣中要不要马克思主义指导，在学习中是要又红又专，还是要只专不红等，都属于学校工作中两条道路斗争的表现；另外，在学校工作中，是实行多、快、好、省的方法，还是实行少、慢、差、费的方法，也反映了无产阶级和资产阶级的矛盾。因此，"反浪费反保守"运动，就是要解决两条道路和两种方法的矛盾。陆平号召全校师生在运动中，大鸣、大放、大辩论，一起整改，相互交心，自觉革命。

这次誓师大会以后，北大师生全面开始了"反浪费反保守"运动。于是，刚刚结束反右派斗争的北京大学，校园内又贴满了"决心书"和"大字报"，学校生活中又充满了政治运动的色彩。

由于"反浪费反保守"运动的目的一开始即被认定为解

决两条道路和两种方法的矛盾，再加上高等学校工作的特殊性，在高等院校开展的"双反"运动中，人们的注意力逐步集中到教育方针和办学道路方面的问题，"双反"运动的主要内容变成了批判资产阶级学术思想，批判资产阶级的个人主义，在学术领域中拔掉资产阶级的"白旗"。

在这样的"双反"运动中，冯友兰这类从旧社会过来并且学有专长的人物，自然而然地又成了运动中被关注和被批判的对象。北京大学一些民主党派人士在誓师大会以后纷纷贴出大字报，表明自己对运动的态度。经济系的师生则贴出大字报，批评马寅初的经济理论和办学思想，认为马寅初在教学活动中，向学生宣传的是"大北大主义""资本主义"和"个人主义"。

"双反"运动开始以后，冯友兰的态度是积极的。他先是参加了北京大学3月5日召开的校务委员会会议，并参与了会议组织的如何在北京大学深入整改和全面跃进的讨论。后来，在参加了北京大学师生"反浪费反保守"誓师大会以后不久，又出席了由沈钧儒、郭沫若主持的民主党派人士和无党派人士自我改造促进大会。这次会议通过了与会人士的自我改造公约及上毛泽东书，冯友兰还做了大会发言。

但是，在北京大学，人们对冯友兰在运动中的表现并不满意。3月中旬，中国哲学史教研室的助教和进修教师，对冯友兰及其主持的中国哲学史教研室的工作提出了批评。从此，批评冯友兰的范围逐步扩大到哲学系及北京大学，不久又扩大到了国内学术界。这种批判仍然是针对冯友兰关于继承中国哲学遗产的观点。

这年4月15日，《哲学研究》发表批判冯友兰学术思想的文章，题目是《从冯友兰先生的抽象继承看他的哲学观点》；5月10日《争鸣》发表批判冯友兰学术思想的文章，题目是《谈谈文化遗产的继承问题——兼评冯友兰先生的看法》。这两篇文章，将对冯友兰学术思想的批判推向了一种新的认识层次。可以说，这两篇批判冯友兰学术思想的文章，是继1957年3月《人民日报》上的《关于哲学史研究》一文，对冯友兰提出的继承中国哲学遗产的方法进行批判之后，最具影响力的两篇文章。后来中国学术界长期批判冯友兰"抽象继承法"的依据，就是这两篇文章。这两篇文章是对冯友兰学术观点的一种概括。

对冯友兰的批判，也不限于学术界人士。1958年5月4日，北京大学举行建校六十周年纪念会。在会上，当时身为中共中央政治局候补委员的陈伯达发表了讲话。陈伯达在这次讲话中，点名批判了马寅初的经济思想和人口理论，说是"马老要检讨"。他也点了冯友兰的名，说冯友兰在北京大学的老教授中思想包袱"特别大"，认为冯友兰对自己学术思想的批判"还不够"，应当继续进行深刻的批判。

"双反"运动开始以后不久，冯友兰即受到北大师生、学术界人士以及高层领导人物的批评。他所面临的思想压力和政治压力绝不亚于1957年的反右派斗争，而且在"双反"运动中，冯友兰接受批评的形式已经与1957年有所不同。在"双反"运动中，北京大学有组织地安排了对冯友兰的批判。1958年4月18日和20日，北京大学召开了两次教授座谈会，先后邀请三十一位教授与会，冯友兰也在被邀请之列。座谈会名义上是组织一些老教授座谈自己在"双反"运动中的收获体会，实际上是为这些老教授提供检讨自己思想的场所和机会。冯友兰在会议发言中，检讨了自己的名利思想，承认自己的哲学思想与马克思主义对立。此前，冯友兰已做过多次检查。4月26日，哲学系中国哲学史教研室召开扩大会议，对冯友兰进行批判，名曰"集体会诊"。这是自"双反"运动以来，冯友兰首次受到单位组织的群众批判。

面对校内校外的广泛批判，冯友兰在接受人们的批判和进行自我批判的同时，还需思考改进自己的工作，制定自己的红专规划。因为制定个人的红专规划，是北京大学师生开展"双反"运动的一项重要内容。4月底，冯友兰在哲学系教师大会上宣读了自己的红专规划，认为自己"在哲学界是一面白旗"，表示自己要在马克思列宁主义的哲学队伍中重新做一个小兵。

但是，冯友兰在接受别人批判的同时，对于人们对自己的批判，仍然在进行思考；他在进行自我批判时，对于自己的学术观念，也在进行思考。换句话说，冯友兰并没有完全认同批判者，也没有完全否定自己。特别是当人们具体议论到有关新中国高等教育的大政方针时，冯友兰从不放弃和隐瞒自己经过思考所形成的观点和结论。

1958年5月下旬，北京大学哲学系教师在全系范围内展开大辩论，议题主要是大学哲学系应当培养出什么样的人才。在讨论中，有人主张社会主义大学的哲学系，应当培养有社会主义觉悟有文化的劳动者，冯友兰则主张大学的哲学系应当培养哲学理论工作者。冯友兰认为，在现代社会中，社会分工是一个不争的事实，人们在现实的社会生活中，都有自己具体的工作岗位，这就使得有人会去做实际工作，也有人会去专门做理论工作；既然社会需要一部分人专门从事理论工作，那么也就需要一些地方培养做这种工作的人，而哲学研究所和综合性大学的哲学系正是培养这种人的地方。换言之，哲学研究所和哲学系培养的应当是理论工作者，或说哲学工作者。

冯友兰所说的理论工作者或哲学工作者，包括哲学教授、哲学翻译人员以及哲学家。哲学家是能够创造自己理论的哲学工作者，哲学教授是能够通晓哲学家的理论的哲学工作者，哲学翻译人员是能够对中外哲学文献进行"训""诂"之类工作的哲学工作者。哲学家、哲学教授、哲学翻译人员之间虽有差别，但是都应当包括在哲学工作者的范围之内。综合性大学的哲学系培养的哲学工作者，即应当包括这三种类型的哲学工作者。冯友兰阐释自己的这种理解时，强调在承认社会需要和社会分工的同时，必须把一个人的学问修养同一个人的职业分工区别开来。他认为只有这样，在讨论大学哲学系学生培养目标时，才不至于对理论与实际关系的理解出现片面。

1958年6月初，冯友兰将自己在哲学系教师辩论会上的发言整理成文字，以《树立一个对立面》为题，交由《光明日报》发表。冯友兰对综合性大学哲学系学生培养目标的理解，立即遭到人们的批判。从6月到9月，三个月时间内，在《光明日报》《人民日报》等全国性报刊上，不断出现批判冯友兰的文章。在这些文章中，有《冯友兰先生树的是一面什么旗》《教育与生产劳动相结合是唯一正确的社会主义教育路线》《必须坚持马克思主义的哲学教育路线》《由偏见通往僵化的死胡同》《批判冯先生的教育思想》《拔掉冯友兰先生唯心主义哲学的白旗》《冯友兰先生要把哲学系引到什么道路上去》《冯友兰先生树立的是一面资产阶级的白旗》等。这些文章作者的共同观点是认定冯友兰的教育思想违背马克思主义，冯友兰对哲学系学生培养目标的理解，是要把社会主义大学哲学系引向资产阶级的道路。

在批判冯友兰教育思想的过程中，力图将冯友兰提出的大学哲学系应当培养哲学理论工作者的主张，同毛泽东思想直接对立起来的是陈伯达。1958年6月30日，陈伯达来到北京大学，向全校师生做了一个报告，题目是《在毛泽东的旗帜下》。在这个报告中，陈伯达提到了冯友兰关于哲学系应当培养哲学理论工作者的观点。陈伯达认为，冯友兰的这种教育观点是与毛泽东思想对立的。因为冯友兰在《树立一个对立面》中提出了一个公式：即"理论——实践——理论"，而毛泽东在《实践论》中提出的公式是"实践——理论——实践"。冯友兰是要通过这个反唯物论的公式，把学生引导到在书斋里冥想的"理论"中去，让学生去做一个对人民毫无用处的哲学家。

冯友兰发表《树立一个对立面》，本意是要对哲学界、教育界在"大跃进"中出现的一些带根本性的问题，发表自己的见解。他在发表自己的意见时，已经预料到人们会不同意自己的观点，所以他把表达自己意见的文字，称之为《树立一个对立面》。并且声明自己的意见可能是错误的，发表这样的意见，不过是为了展开辩论；要辩论，总要树立一个对立面，于是他声称"我就树立一个对立面吧"。不曾料想的是自己的意见发表之后，会引起如此巨大的反响，会遭受如此广泛的批判。

当时，除了报刊上的批判之外，北京大学哲学系还针对冯友兰的学术思想和教育思想组织了不同规模的批判会。这些批判会，有的是以教研室为单位组织召开的，有的是以教研室联席会议的形式组织召开的，有的是以全系师生大会的形式召开的，有的是以北大哲学系与中科院哲学研究所的人员联合的形式召开的。在这些批判中，使冯友兰思想上压力最大的是陈伯达的批判。因为从1958年6月开始，北京大学文科教师提出了研究学习毛泽东思想。在人们开始大学毛泽东思想的时候，陈伯达认定冯友兰的教育思想与毛泽东思想对立，这当然是冯友兰不得不思考的问题。

尽管冯友兰认为，自己在《树立一个对立面》中，并没有提出什么反唯物论的公式。自己的《树立一个对立面》，是讨论教育问题，而毛泽东的《实践论》是讲认识论问题，两者讨论的对象并不相同，自己的教育思想并不与毛泽东思想对立；而且自己主张的哲学系学生培养目标，也不是完全没有正确的认识成分，但迫于各方面的压力，冯友兰还是针对自己的教育思想进行了自我批评。1958年8月3日，冯友兰在《光明日报》上发表文章，题目是《跳出旧圈子，拔除对立面》。他在文章中表示：自己"决定要从旧思想，旧圈子里解放出来，跟着一起大跃进"。

新中国成立以后，冯友兰除了其"新理学"思想长期受到批判以外，还有两个新的学术观点曾长期遭受人们的批判：一个是他对于如何继承中国哲学遗产的观点，一个是他对于综合性大学哲学系应当培养什么人的观点。冯友兰的第一种观点，被称之为"抽象继承法"，第二种观点被认为是宣扬和主张"理论——实践——理论"。冯友兰因为这两种学术思想观点，被人戴上了两顶"帽子"。这两顶"帽子"给冯友兰带来的精神负担和痛苦，一般人是难以想象的。尤为难堪的是，别人强加给你的帽子，还要你诚心接受。因为在那个非理性的狂热年代，冯友兰这类知识分子被人家戴上各种"帽子"，除了自我批判和自我检讨之外，是不允许申辩的。因为，你如果提出申辩，别人会"给你再加上一顶帽子"。不允许申辩，等于限制你思想的自由。对知识分子来说，没有什么比不准自由思想更加痛苦。当然，真正限制人们自由思想是不可能的。冯友兰虽然对自己关于综合性大学哲学系应当培养什么样的学生的理解，进行了自我批判，但在他的心灵深处，并未真正放弃和否定自己的观点。直到晚年，他还是认为自己当年的观点并非完全没有道理。

后来有学者认为，冯友兰在20世纪50年代常"冒傻气"，所以常常招致人们对他的批判。在那样的年代里，冯友兰之所以"冒傻气"，对关于中国哲学遗产的继承问题和关于高校哲学系应当培养什么人的问题，提出与众不同的主张和理解，除了他对新社会的学术文化事业强烈的责任心之外，也是因为他坚持自己的哲学观念和思想方法。直到今天，人们才意识到，50年代末期，冯友兰虽然被当作"哲学界的一面白旗"进行批判，但是他对于新社会中一些问题的思考和理解，确实充满了哲学家的冷峻与智慧。

旧 史 新 编

1957年，北京大学校长马寅初就控制中国的人口问题发表自己的意见。他认为必须控制人口。如果对人口的增加不加以控制，既会影响社会生产力的提高，也会影响人们生活水平的提高。马寅初的意见，后来被人称之为"新人口论"，在学术界展开了大规模的批判。这种"新人口论"的主要内容，实际上是正确的。"文化大革命"结束以后，中国曾有"错批一人，误增三亿"之说。人们将中国的人口增长过快，直接同对马寅初人口理论的错误批判联系在一起。

冯友兰从1958年的"双反"运动开始，到1960年期间所受到的批判，不论就其规模而言，还是批判的程度而言，都不亚于马寅初当时所受到的批判。自从1958年6月北京大学哲学系有组织地开展对冯友兰的批判以后，这种形式的批判一直延续到1960年7月。当时，北京大学哲学系召开批判冯友兰的大会，与会者有时达一百五十多人，由此可见当时冯友兰批判会的规模和声势。

长时期的大规模的有组织的批判活动，对于冯友兰的学术生命极为不利。因为经过这种长期批判，在人们的印象中，不论是政治方面，还是学术方面，冯友兰都是一个反面教员。1960年，北京大学曾经编写《冯友兰小传》。小传认为：新中国成立以后，冯友兰表面上批判自己的哲学思想，但其资产阶级的学术思想根深蒂固，反动的政治立场实际上没有改变。

政治上的结论如此，业务方面的结论也好不到哪里去。1960年7月，中国哲学史教研室对冯友兰讲授的中国哲学史课程进行总结，结论是：在中国哲学史教学活动中，"冯友兰的反面教员的作用已经起到了，没有必要再让他逐堂讲下去了"。这样的结论，完全可以终止冯友兰的学术生命。

但是，冯友兰顽强地使自己的学术生命延续下来了。冯友兰延续自己学术生命的办法是一面进行自我批判，同时也不放弃自己对于学术问题的独立思考。这使得人们对冯友兰的批判，不得不兼顾三个层次，即批判冯友兰过去的哲学思想，批判冯友兰对自己哲学思想的批判，批判冯友兰对学术问题的新思考。

人们对冯友兰这种长时期的多层面的批判，实际上也为冯友兰的学术活动提供了一线生机。因为人们意识到，作为批判的对象，冯友兰的价值，还无人可以取代。所以，冯友兰的自我批判，以及人们对冯友兰的批判，构成了冯友兰在1958年到1960年间，虽屡遭打击，却仍活跃在学术领域的一个重要条件。

冯友兰在1958年到1960年间，受到严厉批判之后，没有失去工作的权利。从1960年开始，国家在国民经济建设中，开始执行"调整、巩固、充实、提高"的八字方针，纠正"大跃进"中一些脱离实际的错误做法。在这样的背景下，北京大学党组织的负责人先后来到冯友兰家中，承认对冯友兰的批判"太过火了"，应当予以纠正，并向冯友兰表示道歉。

自新中国成立以来，冯友兰都在人们的批判声中打发时日。对于这样的生活，他早已习以为常，见惯不怪。他唯一的希望和追求，是保留自己工作的权利，重新编写中国哲学史，为新中国的学术文化建设作出贡献。因此，冯友兰听到北京大学领导人的道歉，并没有特别地激动。他只是表示，人们的批判不会影响自己对学术工作的积极性，在工作中，自己"该怎么积极，还是怎么积极"。

早在1949年，冯友兰即计划重新编写中国哲学史。但1949年以来，冯友兰不是在接受别人的批判，就是在批判自己或批判别人，他的学术工作计划始终无法实施。1960年，他的工作计划终于得到领导和组织的认可。这一年3月，教育部等单位组织召开文科教材工作会议，决定除集体编写中国哲学史教材外，也同意冯友兰个人编写中国哲学史，并决定他编写的《中国哲学史》由人民出版社出版。这使得冯友兰重新编写中国哲学史的工作计划，终于提上了具体日程。但是，1960年上半年，冯友兰工作的主要内容仍然是接受批判。直到1960年下半年，冯友兰才开始集中时间，从事中国哲学史的写作。

冯友兰自步入学术殿堂，工作的重心之一就是从事中国哲学史研究。冯友兰重新编写中国哲学史，尽管面临一些新的理论问题，但他凭着数十年积累的学术功力，一旦投入新编工作，工作进度十分迅速。新编工作进展顺利，冯友兰也有好心情。此时，冯友兰对支持自己工作的人们充满了感激之情。1962年4月，冯友兰参加全国政协会议。冯友兰的岳父任芝铭、任芝铭的外孙女孙维世也是会议代表。会议期间，毛泽东接见与会成员，询问冯友兰的工作情况。周恩来特意向毛泽东介绍，这次会议上任芝铭、冯友兰、孙维世"三代同堂"。会后，冯友兰兴奋不已，回家后即赋诗一首：

怀仁堂后百花香，

浩荡春风感众芳。

古史新编劳询问，

发言短语谢平章。

一门亲属传佳话，

两派史论待衡量。

不向尊前悲老大，

愿随日月得余光。

冯友兰曾将这首诗抄赠毛泽东，从诗中可以看到冯友兰当时的兴奋与感动。

由于冯友兰的勤奋工作，《中国哲学史新编》第一册于1962年9月正式出版。一年多以后，冯友兰出版了《中国哲学史新编》第二册。当自己重新编写中国哲学史的计划开始获得成果的时候，冯友兰没有忘记向人们诉说自己与过去决裂的决心，也没有忘记向读者表明自己追求新知的信念。冯友兰的这种决心和信念，浓缩在他为《中国哲学史新编》第一册所作的"题词"中：

望道便惊天地宽，

南针廿载溯延安。

小言亦可润洪业，

新作应需代旧刊。

始悟颜回叹孔氏，

不为余子学邯郸。

此关换骨脱胎事，

莫当寻常著述看。

"换骨脱胎"四字，道尽了冯友兰此时的复杂心情。这种心情中，既包含着苦涩，也充满了希望。

冯友兰是应当为自己所取得的学术成就感到高兴的。从1960年开始，冯友兰的工作环境不断得到改善。这使得1960年至1965年这五年左右的时间，成了冯友兰在新中国成立后教学科研工作中最有成就的时期之一。在教学方面，哲学系改变过去的观念，让冯友兰参与教学工作，并支持他招收中国哲学史专业的研究生。1962年至1964年，由冯友兰招收的研究生，当是较早由新中国自己培养的中国哲学史专业的研究生。

这几年间，冯友兰在科研工作上更是硕果累累。在这些成果中，除了大量的学术论文，《中国哲学史新编》一、二册以外，还有他的《中国哲学史史料学初稿》。

《中国哲学史史料学初稿》出版于1962年12月。这是冯友兰为了教学工作的需要，写成的一部专门介绍中国哲学史文献资料的著作，但其影响范围并不限于哲学系学生。1959年6月，北京大学召集游国恩、王力、周祖谟、魏建功、冯友兰、任继愈、翦伯赞、邓广铭、周一良、齐思和等人开会，讨论在北京大学开设古籍整理专业学系。会后决定在中文系开设中国古典文献专业，由中文系副主任魏建功兼任中国古典文献教研室主任，负责中国古典文献专业的筹建与教学工作。

在魏建功的主持下，拟定了中国古典文献专业学生必须阅读的传统典籍，并决定由一些著名学者讲授专门课程。其中有游国恩的中国文学史、邓广铭的辽宋史、王重民的目录学、朱德熙的现代汉语、陆宗达的《说文解字》研究等。这些课程深受学生欢迎。冯友兰为中国古典文献专业学生讲授的中国哲学史史料学，也曾使中国古典文献专业学生获益匪浅。冯友兰的这部《中国哲学史史料学初稿》，是中国哲学史学科史上的开山之作，具有重要的学术价值和实用价值。海外学术界认为，《中国哲学史史料学初稿》一书，代表了冯友兰在"文革"以前"相当可观的学术成绩"。

1960年到1965年，也是冯友兰与新社会的人们共事过程中最顺利的一段日子。由于工作进展顺利，冯友兰虽是古稀之年，但心境极佳，工作热情很高。1963年11月，冯友兰参加中国科学院哲学社会科学学部委员扩大会议。毛泽东接见与会人员时，曾与冯友兰握手。其时，有文学家刘大杰、历史学家周予同站立其旁。冯友兰曾撰一联：

> 执手感关怀，三人并列文、史、哲；
>
> 集会明任务，一笔齐扫帝、修、反。

联中的"一笔齐扫帝、修、反"，留下了20世纪60年代人们的思想印记，也表露了冯友兰此时工作的信心与勇气。

1964年6月，冯友兰游泰山，也曾成诗一首：

> 阅尽沧桑仍郁葱，
>
> 汉朝柏树六朝松。
>
> 千年留得青春在，
>
> 长为游人送好风。

这首诗，真意似也不全在于赞叹"汉朝柏树六朝松"，而是以松柏言志，表达冯友兰自己的一种追求和企盼。

依照冯友兰当时的意愿，他在五年左右的时间内，将会全部完成《中国哲学史新编》的写作任务。但是，自1965年11月以后，在新中国的历史舞台上，已拉开了"文化大革命"的序幕；冯友兰不得不中断正常的学术工作，开始自己人生中的又一段重要旅程。

第 7 章

晚年的坎坷与求索

"文革"前夜

"文化大革命"的风暴，在新中国广袤的大地上曾经肆虐十年之久。

十年"文革"，曾使人们在极左思潮的蛊惑下，带着天真与梦幻，陷入贫穷，走进苦难；十年"文革"，使中国知识分子遭受了史无前例的摧残与打击，"文革"中受到冲击的中国知识分子，不论心灵还是肉体，都可以说是伤痕累累。冯友兰也是饱受"文革"摧残的中国知识分子中的一员。

"文化大革命"序幕的开启，始于 1965 年对新编历史剧《海瑞罢官》的批判。《海瑞罢官》的作者是历史学家吴晗。

吴晗于 1931 年进入清华大学历史学系学习，是 1934 年清华大学历史学系的毕业生。其时，冯友兰正担任清华大学文学院院长。论辈分，冯友兰应当属于吴晗的师长。1934 年，吴晗毕业以后留系任教，成为文学院一名教师。1943 年，吴晗加入中国民主同盟。1948 年，吴晗去了解放区。1949 年 1 月 10 日，清华大学被北平军管会文化接管委员会接收以后不久，吴晗作为军代表回到清华大学。

冯友兰很快辞去了在清华大学担任的一切行政职务，吴晗则以军代表的身份实际上参与了清华大学的领导工作。此时的冯友兰与吴晗分属于两个完全不同的政治营垒，成为当时中国知识分子中两种不同类型的代表。此后，冯友兰开始在别人的批判声中生活，吴晗则于 1949 年底出任北京市副市长，担任了更重要的领导工作。但吴晗自己也没有预料到，仅仅隔了十多年时间，他自己也会受到全国性的声讨和批判，直至被"文化大革命"夺去生命。

在吴晗开始被批判的时候，冯友兰的境况却有所不同。1965 年，虽然也曾有多位学者先后发表论文，批评冯友兰的《中国哲学史新编》不是真正的新编，认为冯友兰在新编中，并没有真正贯彻和运用历史唯物主义的原则。但是，这样的批判，基本上还是 20 世纪 50 年代初期即已经开始的对冯友兰的学术思想批判的继续。

面对人们的批判，冯友兰在这一时期的工作和心情还相当不错。1965 年 11 月 2 日，冯友兰离开北京，随全国政协组织的参观团赴西南参观。参观团游成都，上峨眉，宿遵义，下渝州，参观工农业建设，走访革命遗址，历时四十多天。12 月中旬，冯友兰写成《西行吟》，其四为《沁园春·四川参观》：

> 壮丽山川，千里巴蜀，一月游踪。见斗天斗地，昂扬意气；忘劳忘我，宏阔心胸。大渡河边，渣滓洞里，巨笔都题乐在中。移山业，都耻为智叟，勇为愚公。红军故道新工，有三十年诗史交融。想遵义会开，群尊北斗；娄山关越，词唱西风。战胜冬寒，赢得春到，万水奔流尽向东。好形势，要直追急起，学向工农。

从词中也可以看到，冯友兰当时的感觉是国家的形势一派大好，因此，他念念不忘"学向工农"。此时，冯友兰对于自己顺利完成中国哲学史新编工作也充满信心。

"文革"前夕，冯友兰对于自己的学术工作仍保持一种乐观的心态，其原因之一是他已经习惯于在人们的批判声中生活。1965 年到 1966 年中期，学术界对冯友兰的学术思

174

想以及冯友兰的中国哲学史研究工作的批判，从来未曾停止过。但冯友兰常常从善意的帮助这种角度去看待和理解别人对自己的批判，把别人的批判看作自己跟上形势，努力工作的动力。因为，经过在新社会中十多年的生活，他对国家的前途更有信心。这样的信心，激励他努力工作，追求进步。其二是"文化大革命"前夕，北京大学政治思想批判的锋芒没有集中指向冯友兰一类知识分子，使得冯友兰一度成了批判者中的一员，而不是人们批判的主要对象。

1966 年 4 月 16 日，《北京日报》发表批判邓拓、吴晗、廖沫沙的文章。北京大学开始大规模批判翦伯赞"反马克思主义史学观点"，批判吴晗"反党反社会主义的思想"。冯友兰曾以不同的形式参与这些批判活动。

在冯友兰参与对吴晗和翦伯赞的批判的时候，也有学者批判冯友兰的学术思想。1966 年 4 月前后，《新建设》上发表了题为《为地主阶级和封建制度喊万岁的哲学——评冯友兰先生的几个反马克思主义的理论观点》的批判文章。在当时的政治氛围中，这样的文章题目也够吓人的了。但是，批判冯友兰的这种声音，比起全国性地批判吴晗、翦伯赞的声浪来，已经微乎其微，无关大局。因此，冯友兰的生活仍然是平静的。但是，冯友兰生活中的这种平静只能是相对的，也只能是暂时的。当"文化大革命"的风暴席卷整个中国大地的时候，冯友兰不得不又回到吴晗、翦伯赞等人所代表的社会群体之中，开始接受人们狂风暴雨式的批判。

"反动学术权威"

考察冯友兰在"文化大革命"中的际遇和苦难，不能不关注北京大学哲学系在"文化大革命"初期的影响和作用。季羡林在他的《牛棚杂忆》中曾经说过，"文化大革命"开始以后，"全国范围内已经涌起了一场阶级斗争的狂风暴雨。这一场风暴的中心是北京，而北京的中心是北京大学"。

季先生的这种说法毫无疑问是正确的。不过，在季先生的这种表述中还可以加上一句话，即"文革"初期，北京大学的中心是哲学系。因为，作为全国"文化大革命"序幕的标志性事件，是 1965 年《文汇报》发表姚文元的《评新编历史剧〈海瑞罢官〉》，而北京大学"文化大革命"的标志性事件，则是 1966 年 5 月 25 日下午，出现在北京大学饭厅东墙上题为《宋硕、陆平、彭珮云在文化大革命中究竟干了些什么?》的大字报。这张大字报曾经被称为"二十世纪六十年代的巴黎公社宣言——北京人民公社宣言"，作者即是当时北京大学哲学系的教师。

有"全国第一张马列主义的大字报"的作者，北大哲学系的"文化大革命"开展得有声有色。冯友兰生活在这样一个备受世人瞩目的单位里，无论如何是不会被人们忽略和遗忘的。他没有万分之一的可能逃避人们的批判斗争。1966年6月5日，北大哲学系十八位教师被打成"黑帮"，挂牌游斗，并被强制参加劳动。其后不久，冯友兰也被人们冠以"资产阶级反动学术权威""反共老手"等罪名，揪出来批斗。

"文革"初期，红卫兵以破除"旧思想、旧文化、旧风俗、旧习惯"为由，对在"文革"开始后受到打击的人实行抄家。冯友兰是北大哲学系第一批被抄家的教师之一，其时在1966年8月26日。这一天同冯友兰一起被红卫兵抄家的还有哲学系另外几名教师。

冯友兰晚年曾忆及"文化大革命"初期，自己被红卫兵抄家时的一些情形。据冯友兰回忆，红卫兵抄家，首先是查封他的财产。红卫兵在一张大纸上写上一个"封"字，贴在他家的墙上，宣布他家的东西从查封之时起"都属于人民了"。

在"文化大革命"中，红卫兵的这种决定，对于冯友兰来说，不单是一种精神上的打击，而且具有实际的利害关系。冯友兰第一次被抄家时，红卫兵对他的惩治措施之一是冻结他的工资，只给他和夫人任载坤每月发放二十四元生活费（每人每月十二元）。从此以后，冯友兰和夫人即开始按二十四元生活费安排自己的生活。这种生活曾经持续数月之久，后来才又增加一些生活费，但也没有发给他全部工资。"文革"时期，红卫兵组织很多，冯友兰被红卫兵抄家也不止一次。红卫兵曾在冯友兰的住所贴上"冯友兰的黑窝"六个大字，以方便各种红卫兵组织到冯友兰的住所破"四旧"，实即是抄家。后来红卫兵又曾到冯友兰家中拿走他在银行的存折和家中一些值钱的东西，并封存了他的全部书籍。

冯友兰被"揪"出来以后，居住条件也受到了影响。哲学系先是决定调整他的住房，让他搬出燕南园，到朗润园两间阴暗、潮湿的房子里去住。后来没有执行搬迁的决定，改为减少他实际的住房面积。由于这个决定，使得冯友兰的住房中一度住进五户人家。后来，冯友兰忆及红卫兵限制自己的住房面积时曾说："红卫兵叫我搬出我的卧房，搬到另一间房子里，他们把我卧房的门锁了，把钥匙带走了，说是有事可以去找他们。我的衣服都被锁在卧房之内。应当换季了，叔明屡次去找他们要钥匙，他们总是推诿不给。"

生活条件受到了限制，接受批判斗争却不能马虎。冯友兰还得照常去参加系里召开的各种批斗会，常常深夜才能回家。天气凉了，衣服拿不出来，为了御寒，他只好披上一条麻袋去开会。一位年过古稀的老人，身披一条麻袋，在北京大学的秋夜中踽踽独行，其状惨不忍睹。但"文革"期间的北京大学，已经很少有人去关注和同情这位以麻袋御寒的老人了。

"文化大革命"开始以后，"资产阶级反动学术权威""反共老手"等政治帽子，不仅使冯友兰开始地狱般的生活，也殃及他的亲人。冯友兰的女儿宗璞在《外国文学》编辑部工作。1966年6、7月间曾亲历过一次中国科学院文学研究所的批斗会，批斗文学所所长何其芳。突然，她听到了一个造反派大声喊叫自己的名字，自己也只好来到批斗台上。上台陪斗者，得自报身份和罪名。宗璞思忖再三，也不知自己犯了什么错误。台下的人提醒她看自己的帽子，结果发现自己的纸帽子上赫然写着"冯友兰的女儿"六个大字。于是她只好再次自报身份和罪名，称自己为"反动学术权威冯友兰的女儿"，以平息台下人们的呵斥。

冯友兰遭受批斗，也曾连累自己的孙子冯岱。冯友兰有两个儿子，长子钟辽生活在美国；次子钟越毕业于清华大学航空系，在国内航空工业部门工作。冯岱是冯钟越的独子，也是冯友兰唯一的孙子。冯钟越夫妇在沈阳工作，冯岱即生活在爷爷奶奶身边。"文化大革命"开始的时候，冯岱正在北京六一幼儿园生活。冯友兰被揪出来以后，幼儿园坚持让冯岱"退园"，不论冯岱的奶奶怎样向园方求情和解释，园方都不愿改变自己的决定。冯岱只好离开爷爷奶奶，跟随母亲去沈阳生活。

冯友兰的亲人中，受害最烈者当数冯温兰。冯友兰同胞兄弟姊妹一共五人，冯温兰是冯友兰的姐姐。新中国成立后，冯温兰没有工作，由冯友兰、冯景兰、冯淑兰三兄妹共同负担冯温兰的生活费用。"文化大革命"开始以后，冯温兰被强行赶出北京，本拟回唐河老家投靠侄子冯钟俊，但红卫兵不准亲人直接送她回唐河，要由红卫兵押送，结果使冯温兰在动乱中客死他乡，至今不知埋骨何处。

对于冯温兰的死，冯友兰不敢声张，但内心充满了痛苦和不安，始终放不下对冯温兰的牵挂和惦念。他知道，姐姐的死同自己在"文化大革命"中被批斗不无关系，是自己累及亲人，株连了姐姐。但是，"文革"开始不久，自己便被戴上了"资产阶级反动学术权威"和"反共老手"两顶政治帽子。当自己生活在风狂雨骤中，身不由己的时候，他已没有能力为亲人们提供保护，也没有地方去为亲人们申诉。他只能在沉默中承受"资产阶级反动学术权威"和"反共老手"这两顶政治帽子带给自己的苦难。

正当冯友兰被反复批斗，隔离审查，看不到出路的时候，他的生活境遇出现了变化。这种变化出现在 1968 年11 月 18 日。这一天，北大宣传队指挥部一位工人出身的负责人宣布对冯友兰解除监改，允许他回家中居住。同一天被允许回家居住的另一位教授是翦伯赞。

解除对冯友兰的劳教，并不意味着解除对他的审查。他的问题仍然没有得到解决。但冯友兰对组织充满了感激之情，表示自己要深刻地检讨自己的错误，重新学习，重新振作，在晚年有所作为，对国家有所贡献。这种追求，曾促使冯友兰在"文革"中参与"批林批孔"。"文革"结束以后，冯友兰又因此而受到组织的审查和人们的批判。

1979年9月，北京大学重新聘请冯友兰担任校学术委员会委员。这种聘任，实际上是组织上审查冯友兰在"批林批孔"中的表现以后，对冯友兰作出的一种政治结论。

"旧邦新命"

"阐旧邦以辅新命，极高明而道中庸"。这是冯友兰自撰的一副堂联。上联表达了冯友兰学术工作的志向与目标，下联体现了他理解的一种人生方式与境界。他的这种学术追求与人生志向，源于他对自己的民族所面临的历史任务的一种理解。他常常把自己的这种理解表述为"旧邦新命"。

"旧邦新命"，语出《诗经·大雅·文王》，原文是："文王在上，于昭于天。周虽旧邦，其命维新。"本意是说以周代殷，乃因天命；文王去世以后，文王的后人掌管周朝，也是受命于天。周朝虽是过去的周朝，但就当权者受命于天而言，则又可说是新。冯友兰所说"旧邦新命"的含义与《诗经》中所说有所不同。冯友兰所谓"周虽旧邦"，是说我们的国家民族历史悠久，现代的中国乃历史上中国的延续。所谓"其命维新"，是说中华民族在新的历史时期面临着新的历史使命。在冯友兰看来，这种历史使命的具体内容即是建设现代化的新中国，实现中华民族和中华文化的复兴。自从新中国成立以后，冯友兰即决心投身新中国建设，为"旧邦新命"贡献自己的一份力量。他的具体工作计划是在新的历史条件下，重新发掘和诠释中国的哲学传统，促进新中国学术文化的繁荣，以此来实现自己"阐旧邦以辅新命"的心愿。

粉碎"四人帮"以后，中国共产党于1977年8月12日至18日在北京召开第十一次代表大会。大会宣告"文化大革命"已经结束，建设社会主义现代化强国是党的根本任务。当全党全国人民逐步把注意力转移到国家建设上来的时候，冯友兰已经82岁。但是，他仍然积极参与各类学术会议，加强自己与学术界的沟通与交流，寻求人们对自己工作的理解与支持，希望在有生之年，完成《中国哲学史新编》的写作任务，实现个人的学术志向与人生追求。

1981 年 10 月，冯友兰赴杭州参加宋明理学讨论会。这次会议是"文化大革命"结束以后，中国哲学史界举办的一次规模较大的国际学术会议。与会者除了国内的中国哲学史工作者以外，还有来自美国、加拿大等地的学者。大会收到的论文中有专门批判冯友兰"新理学"的文章。冯友兰为此写成《中国哲学史学会杭州会议赠贺自昭》：

心性两宗旧纠纷，

凭君与我各传薪。

相逢今日非年少，

共读会场两异文。

此诗"自注"中说："1981 年 10 月，中国哲学史学会在杭州开会，讨论宋明道学。在提出的论文中，有一篇题为'评贺麟先生新心学'，另一篇题为'评冯友兰先生新理学'。这两篇论文并非来自同一单位，亦非来自同一地区，可知并非有意安排者。"

批评冯友兰的"新理学"的文章不是会议"有意安排"，这表明当时人们对于批评冯友兰仍然具有某种自觉，这种自觉实际上反映了当时学术界对冯友兰及其思想理论的一种估价。"文革"结束以后，人们仍然对自己持这样的态度，这大概是冯友兰称"评冯友兰先生新理学"与"评贺麟先生新心学"两篇论文为"异文"的缘由。这种称谓表达了冯友兰的一种感慨。因为，这样的论文出现在"文化大革命"结束四年以后。

在这次杭州会议期间，冯友兰还写成了《题西湖岳庙》：

> 荷去犹闻荷叶香，
>
> 湖山终古护鄂王。
>
> 冲冠怒发传歌久，
>
> 何事闲人道短长。

这首诗是他凭吊岳坟以后写成的。诗后也附有"自注"："岳武穆'怒发冲冠'那首《满江红》词传世已久，但有人怀疑不是他作的；我曾为西南联大作校歌歌词调寄《满江红》，但也有人怀疑不是我作的，故云。"所谓"冲冠怒发传歌久，何事闲人道短长"，也可以说是一种感慨。

20世纪30年代，冯友兰在西南联大期间，为西南联大所作的校歌早已为世人所熟知，而且歌词已作为冯友兰所撰写的西南联大纪念碑碑文的一部分镌刻在纪念碑上。碑文后署名"文学院院长冯友兰撰文，中国文学系教授闻一多篆额，中国文学系主任罗庸书丹"。当年，纪念碑揭幕之时，西南联大师生中没有谁对碑文的署名提出任何异议。但数十年以后，在当事人多已辞世时，却有人提出冯友兰并非西南联大校歌的作者，这也使冯友兰感到愕然、不解。

当年，冯友兰为西南联大写作的校歌及西南联大纪念碑碑文，他自以为是"当行出色之作"，珍爱有加。人们对他这样的作品说长道短，他除了论释解说，维护自己的著作权之外，不能不感叹世事的沧桑，人世的诡谲了。现在看来，20世纪80年代，人们还要对冯友兰所作的西南联大校歌说长道短，除了年代久远，记忆失真之类的原因之外，恐怕与冯友兰当时的生活处境也不无关系。因为，"文化大革命"结束之后，冯友兰在相当长的时间内，仍然是一个人人都可以随意谴责，并且人人都乐意谴责的人物。

但是，在20世纪中国的学术界，冯友兰之所以为冯友兰，除了丰硕的学术成果，以及因为这些学术成果所经受过的无数的批判，遭遇过的各种各样的打击之外，更主要的还是表现在他对人生的悟解，对国家的关怀，对民族的眷恋。"天行健，君子以自强不息"，这种民族的传统与古训，早已内化于他的心灵深处，转换成他身处逆境决不沉沦，为探索民族文化复兴，心河之水长流的源泉与动力。因此，"文化大革命"刚刚结束的时候，冯友兰即已经敏感地觉察到了新时代的曙光。他一边接受组织的审查，一边开始思考自己尚未完成的《中国哲学史新编》的写作。

冯友兰曾经告诉自己的亲人，《中国哲学史新编》虽然在"文化大革命"以前已经出版第一、二册，但他决定在新的时代条件下全部重写。当人民出版社与冯友兰重新洽谈

《中国哲学史新编》的出版事宜时，他也表示《中国哲学史新编》要全部重新编写。从此，这位八十多岁的老人将自己晚年的精力全部投入到《中国哲学史新编》这项庞大的学术工程中。

一位年届耄耋的老人，要致力于一项庞大的学术工程，谈何容易。冯友兰当然清楚自己在工作中所面临的政治、业务乃至于生活方面的困难。但是，困难未能动摇他"阐旧邦以辅新命"的志向与追求。因为，这样的志向与追求是他早已为自己确定的人生道路。自己的路，必须自己走，并且要走到底。怀着这样的心情，冯友兰不断地向人们表示：自己在有生之年，绝不会放下手中的笔；他渴望理解，希望得到方方面面的支持。

与此同时，冯友兰不顾自己年事已高，积极参与各种学术会议，努力使自己融入新时代的学术集体中去。1979 年，太原召开中国哲学史讨论会。会前人们劝他不要与会，因为会议期间人们可能会批判他的"抽象继承法"，他去参加会议难免尴尬。但他仍然坚持去太原参加会议。1981 年在杭州召开宋明理学讨论会时，也是这样的动机促使他前去参加的。他觉得广泛地接触学术界人士，增进人们对自己的了解与理解，有益于自己《中国哲学史新编》的写作。

当在国内学术界这些努力的结果与自己的主观愿望仍

然存在一定的距离时，冯友兰又寻求重返国际学术舞台的机会，他要在更广泛的范围内向人们诉说自己的学术追求。"文化大革命"结束以后，冯友兰多次接到国外学术界的信函，邀请他出国讲学和出席国际学术会议，但学校都要求冯友兰以年事已高为由拒绝这类邀请。1981年，美国学者陈荣捷又致信冯友兰，邀请他参加1982年在夏威夷召开的国际朱熹学术讨论会。为了能够重返国际学术舞台，他反复申请，不断呼吁，后来教育部终于批准他参加这次学术会议。

1982年9月，冯友兰远渡重洋，赴夏威夷参加朱熹国际学术讨论会。此时，冯友兰已经87岁了。他以如此高龄奔波在旅途之中，目的仍在于为自己争取一个好的学术工作环境。宗璞后来曾忆及她父亲这次远行的动机和目的："据我们的小见识，以为父亲必须出一次国，不然不算解决了政治问题。所以才扶杖远涉重洋。"事实证明，冯友兰此次出国，基本上达到了目的。因为，冯友兰抵达美国以后，不仅参加了在夏威夷召开的国际朱熹学术讨论会，而且重返母校，去纽约接受了哥伦比亚大学授予他的名誉文学博士学位。在接受哥伦比亚大学名誉文学博士学位的致辞中，冯友兰再一次向人们阐释了自己的人生志向与学术追求："我经常想起儒家经典《诗经》中的两句话：'周虽旧邦，其命维新。'就现在来说，中国就是旧邦而有新命，新命就是现代化。我的努力是保持旧邦的同一性和个性。而又同时促进实现新命。我有时强调这一面,有时强调另一面。右翼人士赞扬我保持旧邦同一性和个性的努力,而谴责我促进实现新命的努力。左翼人士欣赏我促进实现新命的努力,而谴责我保持旧邦同一性和个性的努力。我理解他们的道理,既接受赞扬,也接受谴责。赞扬和谴责可以彼此抵消。我按照我自己的判断继续前进。"

冯友兰在哥伦比亚大学的这次讲话,曾在海外广泛流传,讲稿由涂又光译为中文以后,在国内学术界也流传甚广,确实增进了人们对冯友兰学术追求的同情与理解。

为了让人们更真实地了解自己,理解自己的学术活动,从1980年开始,冯友兰决定写回忆录,完整地向人们展示自己的人生,展示自己的心灵世界。回忆录于1984年以《三松堂自序》为名正式出版。在《自序》中冯友兰说:

> 本书所及之时代,起自十九世纪九十年代,迄于二十世纪八十年代,为中国历史急剧发展之时代,其波澜之壮阔,变化之奇诡,为前史所未有。书于其间,忆往思,述旧闻,怀古人,望来者……名曰《自序》。非一书之序,乃余以前著作之总序也。世人知人论世,知我罪我者,以观览焉。

"知我罪我"四字话虽沉重,但冯友兰将自己的人生完整地展现在人们的面前，以求取人们对自己真实的了解，这种心情是诚恳的。他在《三松堂自序》中，回忆了自己的生活道路，论释了自己的学术思想，也驳斥了那些曾经"侮蔑"自己的人们。《三松堂自序》出版之后，在学术界引发了强烈反响。人们通过《三松堂自序》，更进一步看到了冯友兰人生的真实，思想的真实。

冯友兰积极争取社会和组织对自己学术追求的理解的努力，使他的生活环境与工作环境逐步得到改善。1983年6月，全国政协六届一次会议召开，冯友兰因病没有出席大会，但他仍然被选举为大会主席团成员。后来，大会又选举冯友兰担任全国政协常委。全国政协常委中，不少人是曾担任政府部长一级领导职务的人，像冯友兰这样的学术界人士很少。在中国的政治生活中，一个知识分子能够担任全国政协常委，实际上享受着很高的政治待遇。冯友兰当选全国政协常委，这标志着"文革"后，国家对冯友兰曾经享受过的政治生活待遇的恢复。

就在冯友兰重新当选为全国政协常委这一年年底，北京大学哲学系为冯友兰从教六十周年举行了隆重的茶话会。在茶话会上，北京大学校长张龙翔与清华大学副校长赵访熊高度评价了冯友兰在教育工作和科研工作中取得的巨大成就，特别肯定冯友兰在新中国成立前夕，放弃国外优裕的物质生活条件，毅然回到祖国的爱国行为。这是新中国成立近四十年来，冯友兰第一次听到学校领导对自己 1948 年归国行动的正面评价。他感到欣慰。欣慰的原因不在于组织对自己 1948 年的归国行动作出了正面评价，而在于人们对自己 1948 年归国动机的理解回归到了事实本身。怀着欣慰与感激的心情，冯友兰在茶话会上自撰了一副寿联：

何止于米，相期以茶；

心怀四化，意寄三松。

在中国传统文化中，米寿为 88 岁，茶寿为 108 岁。冯友兰的自寿联，表达了他对人们对自己关心和理解的感谢，也表达了自己为国家现代化建设多做贡献的意愿和希望。

冯友兰听到人们肯定自己 1948 年的归国行为时曾感到欣慰。两年后，当他听到人们对他新中国成立初期在清华大学工作的正面评价时，则显得十分平静。

1985 年 12 月，在冯友兰 90 寿庆会上，北京大学哲学系系主任黄枏森先生在致辞中说："在解放前夕，冯先生担任清华校务会议代理主席，北平解放后，他把清华完整地交到人民手中，这是一个功绩。"听到人们这样评价自己在新中国成立初期在清华大学的工作，冯友兰没有特别激动。他只是平静地告诉人们："当时校长南去，校务委员会推选我代理主席，也没有什么大机智大决策，只是要求大家坚守岗位，等候接管。这也是校务会议全体同人的意思。现在看来，人们的看法愈来愈接近事实，这是活到 90 岁的好处。"

个人在社会中的生活，同其他的事物一样，也有着自身的具体内容与运行轨迹。过去人们对冯友兰生活道路的评断中歧义很多，其原因之一，是人们常常离开他的生活实际。但是，冯友兰坚信，人们对他生活道路的评断总有一天会接近他的真实生活，这是毋庸置疑的。因为自己生活的真实，才是评断自己生活道路的根据与准则，他所无法预料的只是不知道这一天什么时候到来而已。当看到预料中的这一天终于来临时，不过是看到了一件本来应当看到的事情，一件预料之中的事情。对于这样的事情，没有理由去特别感奋。但是，他庆幸自己活到了 90 岁，亲眼看到了自己预料之中的事变成了现实。

生活环境的改观和人们理解的加深，使冯友兰获得了巨大的学术工作动力。他虽然年事已高，耳目失其聪明，工作中困难重重，但仍然以惊人的毅力坚持《中国哲学史新编》的写作。自从 1982 年出版《中国哲学史新编》第一卷以后，到 1984 年，《中国哲学史新编》已经出版六卷。1990 年 7 月，冯友兰写完《中国哲学史新编》的最后一卷。这一年冯友兰已经 95 岁。

冯友兰的《中国哲学史新编》，全书七卷，规模宏大，是一部以哲学史为中心并对整个中国文化有所阐释的著作，与其 20 世纪 30 年代写成的两卷本《中国哲学史》相比，不论内容还是方法均有所不同。两卷本《中国哲学史》，在方法上借鉴过马克思主义的唯物史观，但主要还是运用西方一般的哲学观念和学术方法，理清中国哲学的历史发展，可以说是一部纯粹的哲学史著作。《中国哲学史新编》的写作方法，则是冯友兰自己理解的马克思主义的方法，内容则较多地体现了冯友兰自己对于哲学的理解乃至对于整个中国文化的理解。这使得《中国哲学史新编》对王船山哲学的定位，对洪秀全、曾国藩思想的评价，对中国哲学传统的理解，以及对于中国现代哲学类型的区划与评断，新议新论迭出，曾引起海内外学术界的广泛关注和讨论。可以说，《中国哲学史新编》构成了冯友兰学术思想的一个重要组成部分，使得冯友兰人生旅程中的最后十年，成了他人生中最具光彩的一段时光。

20 世纪 50 年代末，冯友兰曾写下这样的句子："明时不知老将至，一悟昨非便少年。"从冯友兰的人生历程来看，用这样的句子来描述他 20 世纪 80 年代的生活倒是十分贴切的。经历过"文化大革命"的磨难之后，冯友兰重新审视自己的学术生活，终于意识到了"文章自有命，不仗史笔垂"的真意，感受到了"海阔天空我自飞"的自由。是思想的自由，换来了他学术的青春。

只可惜在冯友兰晚年的学术生涯中，这种学术上的青春期来得太迟缓、太艰难。当自然规律迫使冯友兰的人生走到尽头之时，学术上的青春期也不可能再延续下去了。1990年12月4日，是冯友兰95岁华诞。中国文化书院曾筹备"冯友兰哲学思想国际研讨会"，计划使研讨会与冯友兰95岁生日庆典联结在一起。但是，冯友兰没有等到12月4日这一天。1990年11月26日，冯友兰在北京医院与世长辞。

作为一位哲学家，冯友兰对宋代儒家"存，吾顺事；没，吾宁也"的名言早已了然于胸。他走得安详，走得坦然。在最后的日子里，他没有留下什么遗言，也没有什么未了的心愿。他只是告诉人们："中国哲学将来一定要大放光彩。"在即将告别自己的人生的时候，他不能忘怀的仍然是自己的国家，自己的民族，自己民族的哲学与文化。

当冯友兰辞世的消息随着无线电波传遍四面八方的时候，原定参加"冯友兰哲学思想国际研讨会"的学者们，感到"冯友兰哲学思想国际研讨会"更应该如期举行。来自美国、日本、俄罗斯、韩国、新加坡，以及国内的学者汇聚到了北京万年青宾馆。

1990年12月4日，"冯友兰哲学思想国际研讨会"开幕。与会代表在北京医院一间简陋的平房里，向冯友兰做最后的道别。眼见这位哲学老人安详地仰卧在鲜花丛中，回想起他一生的追求与坎坷，人们不禁感慨万端。会议期间，人们追思冯友兰的人生道路，对冯友兰的学术思想开始进行正面的评价。

冯友兰的一生可以说是"与时偕行，为道屡迁"。但人们不再在绝对的两极对立的思维模式中去理解冯友兰的人生，而是把冯友兰的人生道路，看作他追求真理的历程，看作20世纪中国的一种文化现象。学者们认为，冯友兰一生的学术活动，有两个基本层面必须肯定。一是应当肯定他对中国现代哲学理论课题的领悟与自觉。冯友兰哲学在形上学方面的追求，是要辨析事物的共殊关系。这种追求，反映了中华民族在解决中西文化矛盾的实践中，对哲学的呼唤与要求。尽管冯友兰没有能够完全正确地解决这一理论课题，但他的哲学追求本身却标志着中国哲学走向现代的一个历史侧面。人们在新的时代条件下审视冯友兰的哲学活动，没有理由否定他为中国哲学具备现代学术品格与理性精神所作出的努力与贡献。二是应当肯定冯友兰对于变革民族传统思维方式的自觉。冯友兰意识到20世纪初叶，中国哲学之所以仍然停留在古典形态，一个重要原因，即是中国哲学的思维方法还没有脱离传统文化的窠臼。因此他提倡理性主义，用现代逻辑分析的方法建构自己的哲学体系。这对于促进整个中国哲学乃至于整个中国文化的现代化都是十分有益的。

冯友兰的一生，在中国哲学和中国哲学史研究领域，不懈追求，不断探索，生前遭受过许多不公正的批判与责难。辞世后，学术界终于开始从正面客观地评价他的人生，评断他的学术思想。倘若冯友兰九泉有知，当然会深感欣慰了。因为，这标志着时代的进步，标志着中国的进步。

但是，"本当齐聚贺高寿，而今洒泪送宗师"。原定的一个颇具喜庆色彩的"研讨会"，一变而成为一个伤感气氛很浓的学术会议，反差之大，世间罕有。在"冯友兰哲学思想国际研讨会"上，北京大学朱伯昆先生撰写了一副挽联：

擎夏宇，系国魂，呕心沥血，重诠正统，千载绝学承先圣；
赞中华，求真理，白发殚精，再写新编，百年自序启后生。

挽联概述了冯友兰一生的学术追求，阐释了冯友兰的学术生命与价值，也集中反映了与会学者对冯友兰的人生与学术思想新的体认、新的评价。与会者深信：在学术界对冯友兰人品与学问的追思和研讨中，不论冯友兰的学术追求，还是冯友兰的学术思想都将与世长存。

附录

年　谱

1895年　12月4日（农历十月十八日），出生在河南省唐河县祁仪镇。

1907年　随母赴父亲崇阳任所，在崇阳随教读师爷学习读书。

1913年　赴上海入中国公学读书，对逻辑学课感兴趣，并因此而形成学习西方哲学的志向。

1915年　中国公学毕业，考取北京大学法科；秋，赴北大后改上文科中国哲学门。

1918年　毕业于北京大学，回河南开封一所中等专科学校任教，在开封与任载坤女士完婚。

1919年　12月，通过考试，获河南官费留学生资格，进入美国哥伦比亚大学研究院深造。

1923年　以《天人损益论》为题通过博士论文答辩，暑假后启程归国，受聘为河南中州大学文科主任，教授。

1924年　博士论文（英文）由上海商务印书馆出版，获哥伦比亚大学哲学博士学位。

1928年　应清华大学校长罗家伦之邀，受聘为清华大学秘书长兼哲学系教授；后改任文学院院长兼哲学系主任。

1934年　《中国哲学史》（上下）由商务印书馆出版。

1937年　抗日战争爆发。清华、北大、南开三校迁至长沙，组建长沙临时大学，开始撰写《新理学》。

1938年　长沙临时大学迁到昆明，改名西南联合大学，代理文学院院长。

1939年　《新理学》由商务印书馆在长沙出版。

1940年　《新事论》由商务印书馆出版。本书探讨中国的社会文化问题，在中国文化建设问题上，既反对"全盘西化论"，又反对"部分西化论"和"中国文化本位论"；认为中西文化的差异，不在地域而在文化类型；人们所谓文化上的中西之别，实为古今之异，要改变中国文化的落后局面，必须改变中国的文化类型，使其转变成以生产社会化为基础的近代文化。

1943年　《新原人》由重庆商务印书馆出版，书中视觉解为人之所以为人的"特异处"，把人生理解为人有觉解的生活，认为人对人生觉解的差别，构成不同的人生境界，人生的意义即体现在不同的人生境界中。此书

后来被学术界认定为冯友兰最有理论价值的学术著作
之一。

1946 年　5 月，西南联大解体，北大、清华、南开恢复建
　　　　制。7 月，回到北京，继任清华大学文学院院长。

1949 年　1 月，北京和平解放；曾任清华大学校务委员会
　　　　主任委员，后辞职。

1952 年　政务院决定对全国高校院、系进行调整，清华大
　　　　学哲学系合并到北京大学哲学系；被聘为北大哲学系
　　　　教授。

1954 年　当选为中国科学院哲学社会科学学部委员。

1960 年　《中国哲学史新编》的写作计划提上具体日程。

1966 年　"文化大革命"全面展开；在北京大学作为"反动
　　　　学术权威"受到批斗。

1982 年　《中国哲学史新编》第一卷，经过修订重新由人民
　　　　出版社出版。

1988 年　12 月，接受记者采访，介绍自己的七卷本《中国
　　　　哲学史新编》即将截稿，表示自己一生的学术活动目
　　　　的都在于"阐旧邦以辅新命"，自己学术工作的性质
　　　　可说是"极高明而道中庸"。

1990 年　6 月，完成《中国哲学史新编》第七卷的写作；
　　　　11 月 26 日，在北京医院病逝；12 月 5 日，《人民日

报》载文介绍冯友兰一生的学术活动，肯定其以毕生精力研究和传播中国传统文化，对中国哲学史学科建设和中国哲学现代化实践作出了重要贡献。

主 要 著 作

1.《柏格森的哲学方法》,《新潮》1921 年第 3 卷第 1 期。

2.《与印度泰谷尔谈话》,《新潮》1921 年第 3 卷第 1 期。

3.《论比较中西》,《学艺》1922 年第 3 卷第 10 期。

4.《人生哲学》,1926 年。

5.《孟特叩论共相》,《哲学评论》1927 年第 1 卷第 5 期。

6.《〈大学〉为荀学说》,《燕京学报》1930 年第 7 期。

7.《公孙龙哲学》,《清华学报》1930 年第 3 卷第 2 期。

8.《中国历史上儒家的位置》,《中国社会学政治学评论》1932 年第 16 期。

9.《宋明道学中理学心学二派之不同》,《清华学报》1932 年第 8 卷第 7 期。

10.《中国哲学史》(上下),1934 年。

11.《墨家之起源》,《北平华北日报》1935 年 5 月 12 日。

12.《原儒墨》,《中国社会学政治学评论》1935 年第

19 期。

13.《原名法阴阳道德》,《清华学报》1936 年第 11 卷第 2 期。

14.《新理学》,1939 年。

15.《新事论》,1940 年。

16.《新世训》,1940 年。

17.《新理学在哲学中之地位及其方法》,《哲学评论》1943 年第 8 卷第 1、2 期。

18.《新原人》,1943 年。

19.《新原道》,1945 年。

20.《新知言》,1946 年。

21.《中国哲学的精神》,《改造评论》1948 年第 2 卷。

22.《中国哲学遗产的继承问题》,《光明日报》1957 年 1 月 8 日。

23.《树立一个对立面》,《光明日报》1958 年 6 月 8 日。

24.《先秦道家主要名词通释》,《北京大学学报》1959 年第 4 期。

25.《论六家》,《哲学研究》1959 年第 11、12 期。

26.《中国哲学史史料学初稿》,1962 年。

27.《从中华民族的形成看儒家思想的历史作用》,《哲学研究》1980 年第 2 期。

28.《三松堂自序》，1984年。

29.《中国哲学简史》(原英文《中国哲学小史》中译本)，1985年。

30.《通论道学》，《中国社会科学》1986年第3期。

31.《中国哲学史新编》(1~7册)(2000年河南人民出版社将此书纳入《三松堂全集》，人民出版社也曾在不同时期分别出版此书)。